MY MINDFUL FLOW

363 Iden für ein
achtsames Jahr

JOCELYN DE KWANT

ILLUSTRIERT VON

SANNY VAN LOON

AUS DEM ENGLISCHEN VON
GABRIELE LICHTNER

südwest

ISBN 978-3-517-09676-6

1. Auflage 2018

Redaktionsleitung: Dr. Harald Kämmerer
Projektleitung: Stefanie Heim
Übersetzung: Gabriele Lichtner
Satz: Lore Wildpanner
Umschlaggestaltung: Reinhard Soll unter Verwendung des Designs
von © 2018 Quarto Publishing plc
Druck und Bindung: Toppan Leefung
Printed in China

Inhalt

Einleitung

Als Kind lebt man immer im Hier und Jetzt, malt stundenlang, während man die Welt um sich her vergisst, liegt auf dem Bett und betrachtet die Schatten, die die eigenen Hände im Licht werfen, oder spürt Insekten im Garten auf. Es ist ganz normal, nirgends anders als in diesem Moment zu sein, ohne sich überhaupt bewusst zu machen, wie besonders und wertvoll das ist. Wenn wir älter werden, gibt es diese Momente nicht mehr allzu oft. Und wenn wir erst einmal in unseren Zwanzigern sind, hetzen wir meist von einem Ort zum anderen. Wir haben einfach keine Zeit, uns auf den Moment zu konzentrieren – bei der Arbeit denken wir an zu Hause, und zu Hause denken wir an die Arbeit. Ständig machen wir uns Gedanken, was wir tun müssen oder ob wir besser etwas anderes gesagt oder getan hätten. Auf diese Art zu leben ist ungeheuer anstrengend.

Als ich 25 Jahre alt war, wurde bei mir ein Burn-out diagnostiziert. Damals kannte ich niemanden, der einen Burn-out hatte. Was passierte da mit mir? Ich war einfach zu überhaupt nichts mehr in der Lage. Nachts hatte ich Panikattacken und die ganze Zeit

tat mir der Magen weh. Ich war müde, so müde, dass ich noch nicht einmal ein Buch lesen konnte. Mein Arzt sagte mir, ich müsste zu Hause bleiben und mich erholen, und ich brauchte Monate, um wieder auf die Beine zu kommen. Ich ging oft zur Therapie und schlief viel. Gleichzeitig fing ich an, sehr lange spazieren zu gehen; jeden Tag um die gleiche Zeit wanderte ich drei Stunden lang. Und ich begann wieder zu basteln, etwas, das ich als Kind sehr gern gemacht, dann aber vollständig aufgegeben hatte. Ganz langsam fühlte ich mich besser. Als ich schließlich wieder normal funktionierte, gab ich mir selbst ein Versprechen: Nie wieder sollte mir so etwas passieren!

Ich las alles, was es über Stress und Burn-out zu lesen gab. Aber ich versuchte auch, weiterhin das zu tun, was mich in den Monaten zu Hause zur Ruhe hatte kommen lassen: Jeden Tag ging ich hinaus in die Natur und tat etwas nur für mich. Das Gute war, dass ich als Redakteurin für Frauenzeitschriften die Möglichkeit hatte, viele verschiedene Dinge auszuprobieren und Gespräche mit interessanten Menschen zu führen. Ich sammelte Weisheiten und wissenschaftliche Forschungsergebnisse wie Fußballerkärtchen fürs Sammelalbum. Als ich 2008 anfing, für das Magazin *Flow* zu arbeiten, war ich in meinem Element: eine Zeitschrift über Kreativität und Positive

Psychologie! Eins der Hauptthemen des Magazins ist Achtsamkeit, und als ich die Achtsamkeit für mich entdeckte, veränderte das mein Leben. Sie ergab so viel Sinn für mich. Hätte ich sie schon früher für mich entdeckt, wäre es bei mir vielleicht nie zu einem Burn-out gekommen. Denn wenn ich mir gegenüber damals achtsamer gewesen wäre, hätte ich bemerkt, dass es mir nicht gut ging, lange bevor ich gar nichts mehr tun konnte. Ich hätte mir mehr Zeiten der Entspannung und des inneren Friedens gegönnt. Ich wäre lockerer mit der Situation umgegangen, anstatt zu versuchen, immer alles in Ordnung zu bringen oder ständig an die Zukunft zu denken.

Aber ich entdeckte auf meiner Reise noch etwas anderes – dass es nämlich sehr viele Menschen wie mich gibt: Menschen, die dieses ständige Gehetze leid sind; Menschen, die es langsamer angehen lassen und wieder kreativer sein wollen, die etwas mit ihren Händen anstatt am Computer schaffen wollen; Männer und Frauen, die finden, dass es im Leben mehr geben muss, als nur Geld zu scheffeln und von A nach B zu rennen; Menschen, die sich – wie ich – bemühen, im Jetzt zu leben. Aber wie bei so vielen Dingen machten die Recherche und das Schreiben über das Thema es nicht einfacher, Achtsamkeit zu praktizieren. Und so tat ich Folgendes: Ich beschloss, jeden

Tag ein paar Minuten lang eine Sache mit voller Aufmerksamkeit zu tun. Ich weiß, dass Achtsamkeit viel mehr ist als das, aber es war etwas, das ich einplanen konnte. Bald fand ich heraus, dass ich am leichtesten im Jetzt bleiben konnte, wenn ich etwas erschuf – indem ich zum Beispiel etwas zeichnete oder schrieb oder mit den Händen gestaltete. Und je häufiger ich solche Momente einplante, desto mehr wurden sie mir zur zweiten Natur. Diese kurzen Zeiten im Verlauf des Tages helfen, uns in stressvollen Zeiten zu erden und zu beruhigen. Denn ich vermute: Das Leben ist nun einmal so; stressige Phasen wird es immer geben.

In diesem kleinen Buch habe ich alles aufgeschrieben, was mir geholfen hat, mir jeden Tag einen Moment der Achtsamkeit zu verschaffen, zu zeichnen, etwas Neues zu gestalten, mich mit anderen zu verbinden, aufzublühen. Einige Anregungen sind ganz einfach, einige sind nur da, weil sie Spaß machen, einige beruhen auf Erkenntnissen weiser Menschen, die mir geholfen haben; aber bei allen geht es darum, sich auf kleine Dinge zu konzentrieren und den derzeitigen Moment wertzuschätzen, damit deine Kreativität sich wieder entfaltet. Manchmal muss man sich wieder fühlen, als wäre man sieben Jahre alt und hätte keine Sorgen. Manchmal muss man sich auf den Rücken legen und die Schatten betrachten.

NATUR

ICH GEHE IN DIE NATUR, UM ZUR RUHE ZU KOMMEN UND GEHEILT ZU WERDEN

UND UM MEINE SINNE IN EINKLANG ZU BRINGEN.

Diesen Worten des amerikanischen Essayisten **John Burroughs** (1837–1921) kann ich hundertprozentig zustimmen. Die Natur ist zweifellos der beste Ort, um den Geist zu beruhigen. Sonnenlicht, das auf dem Wasser tanzt, das Singen der Vögel, das Rascheln des Windes in den Blättern; allein das Aufschreiben gibt mir ein gutes Gefühl.

Wir brauchen keine wissenschaftliche Forschung, um zu erkennen, dass es gut für uns ist, Zeit in der Natur zu verbringen; wir fühlen es mit jeder Faser unseres Körpers. Aber die Forschung hat auch ergeben, dass der Aufenthalt in der Natur uns entspannt, uns ausgeglichener, hilfsbereiter und kreativer macht. In der Natur empfinden wir physischen Schmerz nicht so stark, fühlen uns weniger allein und isoliert und Kinder blühen geradezu auf. Die Liste ließe sich noch lange fortführen.

Wir sind nicht dafür gemacht, jeden Tag zwischen Backsteinen und Asphalt zu verbringen, daher raten Wissenschaftler in der ganzen Welt den Menschen in der Stadt, mehr Zeit in der Natur zu verbringen. Wenn wir zu wenig Zeit in unserer schönen, natürlichen Umgebung verbringen, sind gesundheitliche und psychische Probleme die Folge.

Der japanische Brauch des *Waldbadens*, bei dem Menschen bewusst viel Zeit im Wald verbringen, wurde begründet, um Stress abzubauen und die Gesundheit zu stärken. Die gute Nachricht ist: Man muss nicht zwingend im Wald spazieren gehen, um sein Wohlbefinden zu steigern. Schon wenn wir jeden Tag bewusst auf die natürlichen Dinge und Elemente achten, die uns umgeben, tut die Kraft der Natur uns gut. Vögel, die am Himmel fliegen, Wasserleben in Teichen und Kanälen, vorbeiziehende Wolken, der Mond am Himmel; es können so einfache Momente sein wie eine kleine Blume, die sich ihren Weg durch Risse im Beton gebahnt hat. Du brauchst dich nur umzuschauen und die Augen für die Schönheit all dessen zu öffnen.

1 Genau wie wir nachts unsere Augen schließen, klappen die meisten Blumen ihre Blütenblätter zusammen, bis die Morgendämmerung den Beginn eines neuen Tages verkündet. Geh bei Abenddämmerung hinaus und schau dir an, wie eine Blume geöffnet und geschlossen aussieht.

Male sie hier auf.

3 Ist dir schon einmal aufgefallen, dass auf jeder Blaubeere eine kleine Blüte sitzt?

Suche nach einer anderen unerwarteten Blüte in deiner Umgebung und male sie hier auf.

4 Suche ein Baumblatt und male es auf diese Seite. Notiere dazu fünf seiner Eigenschaften, zum Beispiel seine Form, seine Farbe und seine Textur.

5 Jede Spinne ist eine Künstlerin, die ihre seidige Architektur in die Ecken unseres Lebens spinnt.

Male dieses Spinnennetz zwischen den beiden Zweigen zu Ende.

6

Suche eine kleine Feder. Klebe sie auf dieser Seite ein. Schreibe das Datum und den Ort auf, an dem du sie gefunden hast.

Datum: ....

Ort: ....

HIER
AUF-
KLEBEN

7 Beschreibe einen Moment, in dem du dich vollständig eins mit der Natur gefühlt hast.

Wie alt warst du?
Wo warst du?
Was hast du gefühlt?

8 Gehe hinaus in die Natur und sammle verschiedene herabgefallene Blütenblätter und Baumblätter aller Größen, Formen und Farben.

Stelle eigene Fantasieblumen zusammen und klebe sie auf diese Seite.

9 Mit ganzer Aufmerksamkeit einen Sonnenuntergang anzuschauen, ruft Gefühle in uns hervor und beruhigt uns, ob wir nun allein oder mit einem geliebten Menschen zusammen sind. Wir sind einfach so gepolt. Das Beobachten eines Sonnenuntergangs verlangsamt sogar unsere Zeitwahrnehmung. Schön, dass die Sonne jeden Tag untergeht! Erinnere dich an einen Sonnenuntergang, der für dich ganz besonders war.

Wo warst du? Welche Gefühle wurden in dir hervorgerufen?

....

....

....

....

....

....

....

....

....

....

....

....

10 Sogar in unseren Städten, in denen wir zwischen Steinen und Beton leben, kann uns die Wildnis begegnen. Geh hinaus und suche nach wilden Blumen, die in den Ritzen zwischen den Pflastersteinen wachsen.

Wo hast du eine gefunden?

....

....

....

....

11 Geh in deiner Wohnung, im Garten oder anderswo auf Spinnenjagd und male sie hier auf. Achte besonders auf ihre Einmaligkeit: Welche Muster befinden sich auf ihrem Rücken? Wie bewegen sich ihre Beine?

Notiere hier die feinen Einzelheiten.

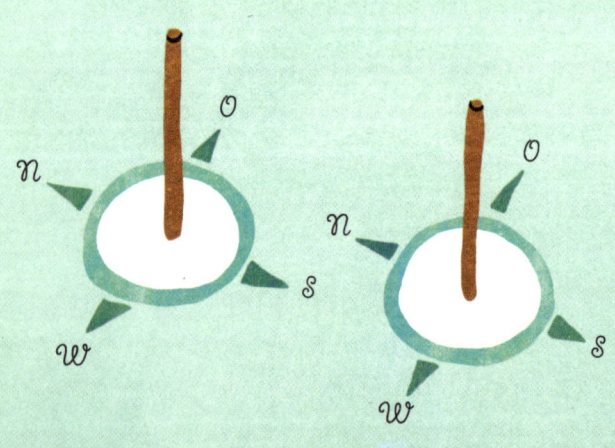

12 Sonnenuhren mögen in die Geschichtsbücher verbannt sein, aber von den Schatten, die sie werfen, kann man eine Menge lernen.

Stecke bei Sonnenschein einen Stab in die Erde und achte darauf, wie dessen Schatten im Laufe des Tages wandert — zeichne diesen hier zu zwei verschiedenen Zeiten auf.

13 Zeichne ein Stück Obst so genau wie möglich. Welche Eigenschaften fallen dir dabei neu auf?

14 Regenwaldfrösche haben oft intensive, leuchtende Farben und schöne Zeichnungen, um zu zeigen (oder vorzugeben), dass sie giftig sind. Im Amazonasgebiet gibt es mehr als 1.000 Arten.

Erfinde für diese Frösche einige wilde Farbgebungen und Muster.

15 Suche einen friedlichen Ort auf, an dem dein Geist zur Ruhe kommt, und lausche auf die Geräusche der Natur.

Notiere, was du hörst, wenn du alle menschlichen Geräusche ignorierst.

16 Es ist schwierig, sich nicht zu freuen, wenn man einem Pfau mit seinem spektakulären Rad aus leuchtenden, farbenfrohen Federn gegenübersteht.

Male diesem Pfau ein fantastisches Federkleid.

17 Blätter gibt es in so vielen Formen. Sammle so viele wie möglich und zeichne um sie herum. Gestalte mit ihren unterschiedlichen Umrissen Muster.

Versuche herauszufinden, von welchem Baum oder Strauch oder von welcher Blume sie stammen.

18 Die beruhigende Wirkung der Natur
ist so stark, dass allein schon das
Betrachten eines Naturbildes entspannend
wirken kann.

Stelle diesen Baum fertig und male ihn aus.
Konzentriere dich dabei auf das Ausmalen.
Bring deine Gedanken zurück zu deiner
Tätigkeit, wenn sie abschweifen.

19 Schneide einige Baumblätter in verschiedene Formen und klebe sie auf diese Seite.

20 Suche nach einer Blume, die du magst. Trockne sie und sammle ihre Samen ein.

Lege die trockenen Samen in eine kleine Papiertüte, verschließe diese und zeichne die Blume außen auf die Tüte. Nächstes Jahr kannst du die Samen im Garten oder in einem Topf aussäen.

NATUR

21 Trockne zwei verschiedene Blumen, indem du sie zwischen zwei Bogen Küchenpapier und dann in ein altes Buch legst, das du mit einem Stapel Bücher beschwerst. Nimm deine gepressten Blumen nach zwei Wochen heraus und klebe sie auf diese Seite.

Gefunden am:
....

Fundort:
....

Bemerkungen:
....
....
....
....
....
....
....
....

Gefunden am:
....

Fundort:
....

Bemerkungen:
....
....
....
....
....
....
....
....
....
....

22 Wer mehr weiß, sieht mehr. Erforsche eine ganz normale wilde Blume. Wie heißt ihr lateinischer Name? Welches sind ihre besonderen Eigenschaften?

Notiere hier, was du herausgefunden hast.

NOTIZEN

....

....

....

....

....

....

....

....

....

....

....

....

23 Lege dich hin und schaue hoch zum Himmel. Was bemerkst du?

Mache hier Notizen und wiederhole das Ganze nach zwei Stunden. Was hat sich verändert?

....

....

....

....

....

....

....

....

....

....

....

....

....

....

24 Wenn man in die Flammen eines Feuers starrt, würden die Gedanken philosophischer, schreibt der französische Philosoph Gaston Bachelard (1884–1962). Während man die tanzenden Flammen betrachtet, beginnt der Geist umherzuschweifen und erreicht neue Tiefen.

Male Flammen auf diese Holzstücke und lass deine Gedanken schweifen.

Hole dir die Natur ins Haus. Pflücke ein paar lange Gräser oder wilde Blumen und stelle sie in ein kleines Glas oder eine Vase.

26 Kleine Insekten: Woher kommen sie? Wohin bewegen sie sich?

Geh nach draußen und suche dir ein Insekt. Fantasiere über seine Lebensgeschichte, während du seine Aktivitäten beobachtest.

27 Die Natur kann uns tief berühren – ihr endloser Kreislauf von Geburt und Vergehen, ihre Schönheit und Wildheit, ihre Einfachheit und Komplexität.

Stell dir etwas vor, was dich an der Natur fasziniert. Was kommt dir als Erstes in den Sinn?

28 Schau dir einen großen Baum näher an. Nimm die verschiedenen Arten Moos wahr, die auf ihm wachsen. Wächst das Moos nur auf der Schattenseite? Wie viele verschiedene Schattierungen von Grün und anderen Farben hat das Moos?

Notiere oder male, was du heraus-gefunden hast.

....
....
....
....
....
....
....

29 Blättere in einem beliebigen Naturbuch und schreib die ersten beiden Sätze auf, die etwas in dir auslösen.

30 Geh nach draußen. Nimm einen Moment lang die Natur um dich herum ganz intensiv wahr.

Schreib auf, welche Gefühle dabei in dir aufsteigen.

31 Meeresschnecken sind zauberhafte Wesen. Sie entziehen dem Wasser Kalzium, um daraus ihre Häuser als Schutz zu bauen. Diejenigen ohne Häuser haben leuchtende Farben, um Feinde abzuschrecken.

Gestalte diese Schnecken fantasievoller, indem du ihnen schicke Häuser und leuchtende Farben gibst.

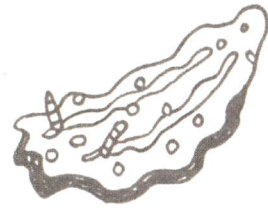

32 Suche nach Blumen, die in deinem Garten oder einem Park blühen. Versuche, die gleiche Blume in verschiedenen Wachstumsphasen zu finden: als Knospe, als Blüte und verwelkt.

Lege sie in die richtige Reihenfolge und klebe sie mit Klebeband oder Leim auf diese Seiten.

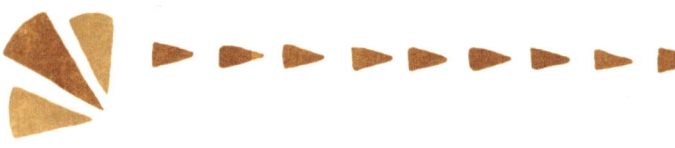

ALLTAG

GENIESSE DEINEN ALLTAG.

Früher waren meine Gedanken eigentlich immer schon auf meine nächsten Ferien, Wochenendtrips oder andere besondere Ereignisse gerichtet. Die Tage vergingen, ohne dass ich groß Notiz davon nahm; sie waren die „Tage dazwischen", Wartezeiten bis zum nächsten tollen Event, nicht wichtig genug, um ihnen wirklich Aufmerksamkeit zu schenken. Bis mir eines Tages plötzlich klar wurde, dass diese ganz normalen Tage den größten Teil meines Lebens ausmachen. Wir verbringen sehr viel mehr Zeit damit, unsere üblichen alltäglichen Aufgaben zu erledigen, als uns auf ein Abenteuer zu begeben.

Als ich begann, den normalen Tagen mehr Aufmerksamkeit zu widmen, entdeckte ich auch an ihnen viel Schätzenswertes – die Magie der kleinen Dinge: frische Bettwäsche, Sonnenstrahlen, die ins Wohnzimmer fallen, ein entspannendes Bad. Solche Einzelheiten intensiver wahrzunehmen, verleiht den einfachen Tagen mehr Bedeutung.

Das alltägliche Leben wird viel zu wenig geschätzt. Wir müssen nicht unbedingt in einem fremden Land Sightseeing machen, um neue Dinge zu entdecken; wenn wir unsere eigene Umgebung mit den Augen eines Touristen betrachten, kann das genauso aufregend sein.

Nur zu leicht fallen wir unbeabsichtigt in alte Gewohnheiten zurück. Aber wir können uns immer wieder daran erinnern, ganz bewusst auf die kleinen Momente zu achten, aus denen das Leben besteht:

- Leg dein Telefon weg, wenn du es nicht wirklich brauchst.
- Leg dein Telefon weg, wenn du glaubst, du brauchst es (es aber nicht wirklich brauchst).
- Versuche, dir beim Betrachten der Welt einen „Anfängergeist" zu bewahren, und nimm dein Leben nicht als selbstverständlich hin.
- Mach immer nur eine Sache auf einmal (und hör auf mit dem dauernden Multitasking).
- Hör auf, den nächsten Moment für wichtiger zu halten als den, in dem du gerade lebst.
- Betrachte die alltäglichen Dinge als eine Quelle der Inspiration.

Dem alltäglichen Leben mit Achtsamkeit und Wertschätzung zu begegnen, setzt allem kleine Glanzlichter auf. Und es kostet viel weniger als ein Wochenendtrip.

33 Zeichne drei einfache Gegenstände, die du regelmäßig benutzt – bei der Arbeit, in der Küche oder in deinem Arbeitszimmer. Erfinde ein dekoratives Muster, indem du die Bilder spielerisch anders anordnest.

Kleine Freuden

34 Vergiss Fallschirmspringen – schreibe eine Wunschliste mit täglichen kleinen Freuden. Halte die Wünsche so klein und erreichbar wie möglich. Was würdest du gern öfter tun oder erleben?

35
Zeich-
ne alle
Lebens-
mittel, die
du heute
eingekauft
hast.

36 Welchen Tag der Woche magst du am liebsten und warum?

Mo

Di

Mi

Do

Fr

Sa   So

37 Was würden wir nur ohne unsere Lieblingsjeans
oder unseren Lieblingspullover tun?
Gib deinen liebsten Kleidungsstücken einen Platz auf
den Siegertreppchen.

Zeichne je eins auf den ersten, zweiten und dritten Platz.

38 Auch an einem ganz gewöhnlichen Tag, an dem dir alles
wie monotone Routine vorkommt und du nur das Wochen-
ende herbeisehnst, gibt es etwas, worüber du dich freuen
kannst. Du musst nur darauf achten!

Skizziere zwei Sachen, die dir an einem stinknormalen Tag gefallen.

39 Zeichne deinen täglichen Weg zur Arbeit, zur Schule oder zu anderen täglichen Verpflichtungen (*oder zu allen dreien*). Konzentriere dich besonders auf die Abschnitte, die dir an deinem täglichen Weg gefallen.

40 Verschönere dir deine täglichen Pflichten mit Musik. Diese kleine Veränderung kann einen großen Unterschied machen. Es könnte sogar passieren, dass du am Montagmorgen zu tanzen anfängst.

Schreibe vier deiner Lieblingssongs auf, die dir Energie geben.

41 STOPP!
Atme.

Schreibe auf, wie du dich in diesem Moment gerade fühlst.

42 Male hier deine Lieb-
lingsperson aus der
Nachbarschaft.

ANGESTELLTE
DES MONATS

43 Schließe deine Augen und öffne
sie wieder mit einem „Anfänger-
gemüt". Sieh dich um, als würdest
du alles zum ersten Mal sehen.

Welche Dinge bemerkst du als Erstes?

44 Ein Kompliment muss nicht von
deinem Chef, Partner oder von
Freunden kommen, um ein Lächeln
auf dein Gesicht zu zaubern und
positive Stimmung zu erzeugen.

Schreib dir selbst ein Kompliment.

DU VERDIENST ES.

Weisheit kann man überall finden.
Lies eine beliebige Zeitschrift, einen Zeitungs-
artikel, einen Blog oder Post im Internet mit deiner
vollen Aufmerksamkeit. Finde darin etwas
Weises, einen Satz, der im Moment zu
deinem Leben passt.

Schreib den Satz hier auf.

....

....

....

....

....

....

46 Beschreibe die morgendliche Routine
deines Wochentags in Worten
und/oder Bildern.

*Finde drei Möglichkeiten, deine Routine
zu durchbrechen.*

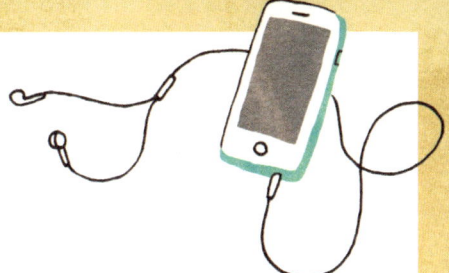

47 Ein „Nein" zu banalen Ablenkungen ist ein „Ja" zu einem fokussierteren und erfüllteren Tag. Benenne einige der banalen Dinge, die dich an einem normalen Tag ablenken.

Ich .

48 Wahrscheinlich gibt es viele Menschen, die du nicht wirklich kennst, die aber Teil deiner täglichen Routine sind, so wie du ein Teil der ihren bist. Zeichne sich überschneidende Kreise um dich herum, die die Menschen darstellen, mit denen du durchs Leben gehst: Arbeitskollegen, Freunde deiner Kinder, deine Yogalehrerin, Leute, die mit dir an der Bushaltestelle warten.

49 Bring Abwechslung in deine alltägliche Umgebung. Zeichne einen Plan deines Wohnzimmers und stell dir vor, wie du etwas verändern könntest. Vielleicht schaffst du dir eine gemütliche Ecke für deinen liebsten Lesesessel?

50 Richte deine Aufmerksamkeit heute nur auf positive Dinge. Notiere oder zeichne jetzt fünf positive Dinge. Achte darauf, wie die Konzentration auf das Positive deine Stimmung beeinflusst.

1   2   3   4   5

51 Welche Songs würdest du als Soundtrack für „Ein Tag in meinem Leben" wählen? Schreib hier deine Lieblingstextzeilen auf.

....
....
....
....
....
....
....
....
....
....
....
....

52 Stell dir vor, bei einem dir bekannten Haus oder einer Wohnung sei die vordere Mauer verschwunden.

Male auf, womit die Menschen dahinter gerade beschäftigt sind.

53 Menschen fühlen sich am meisten zu Hause, wenn ihre Umgebung ihre Lebensgeschichte widerspiegelt und etwas darüber aussagt, wer sie sind – Bilder besonderer Momente, Souvenirs, kleine Erinnerungen an geliebte Großeltern oder Ähnliches. Welche Gegenstände in deinem Zuhause erzählen etwas über deine Lebensgeschichte?

Beschreibe sie oder male sie auf.

54 In den Medien überwiegen meist Berichte von negativen Ereignissen. Suche in der heutigen Zeitung nach etwas Positivem, das passiert ist.

Schneide die Überschrift aus und klebe sie hier auf.

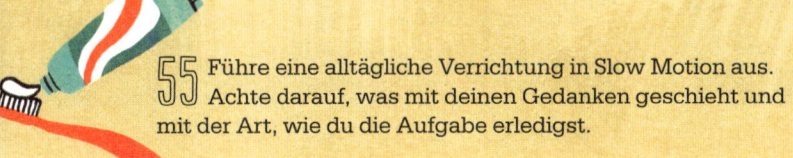

55 Führe eine alltägliche Verrichtung in Slow Motion aus. Achte darauf, was mit deinen Gedanken geschieht und mit der Art, wie du die Aufgabe erledigst.

56

Es hat etwas Beruhigendes, frisch gewaschene Wäsche zu betrachten, die im Wind flattert.

Hänge eine beruhigende Reihe an Kleidungsstücken auf diese Wäscheleine.

57 Schau dir etwas, das du trägst, genau an. Höchstwahrscheinlich ist es gestrickt oder gewebt. Früher wurden diese Künste sehr hoch geschätzt.

Sieh dir die Struktur des Stoffes ganz genau an und versuche, sie zu zeichnen.

58 Schreibe ein kleines Gedicht über deinen Tag.

59 Stell dir vor, du wärst ein Alien aus dem Weltall und würdest dein Zuhause erforschen.

Zurück auf deinem Planeten, berichte über das tägliche Leben der Erdbewohner.

....

....

....

....

....

....

....

....

....

....

60 Zeichne deine täglichen Fortbewegungsmittel – Auto, Straßenbahn, Zug –, aber male sie nicht in ihren tatsächlichen Farben, sondern gib ihnen strahlende, fröhliche Farben.

61 Sich all das bewusst zu machen, wofür man dankbar sein kann, stärkt das Wohlbefinden und kann sogar den Schlaf und die Gesundheit verbessern. Aber es ist nicht immer einfach, zu beherzigen, wie wichtig eine dankbare Lebenseinstellung ist. Helfen kann dabei, den Gedanken daran in die eigene Abendroutine aufzunehmen.

Versuche in der nächsten Woche, jeden Abend drei Dinge aufzuschreiben, für die du dankbar bist.

TAG 1: Heute bin ich dankbar für

TAG 2: Heute bin ich dankbar für

TAG 3: Heute bin ich dankbar für

TAG 4: Heute bin ich dankbar für

TAG 5: Heute bin ich dankbar für

TAG 6: Heute bin ich dankbar für

TAG 7: Heute bin ich dankbar für

SPIEL

Erinnerst du dich, wie du als Kind stundenlang gespielt hast? Man erschuf sich eigene Welten mit irgendwelchen Dingen, die gerade zur Verfügung standen, bastelte aus Papieren kleine Bücher, spielte bei Sonnenuntergang Verstecken mit den Nachbarskindern. Sogar eine einfache Fahrt auf dem Rad konnte zu etwas Spannendem werden, wenn man ein Spiel daraus machte.

Leider hören die meisten von uns auf zu spielen, wenn sie älter werden. Entweder finden wir es peinlich oder wir sind zu müde, und selbst wenn beides nicht zutrifft, gibt es immer gerade etwas Wichtigeres zu tun. Ist es nicht so? Fakt ist jedoch, dass Spielen sehr wichtig ist, auch für Erwachsene.

Stuart Brown – ein Wegbereiter der Spieleforschung – sagt, nichts rege das Gehirn so sehr an wie Spielen. Dreidimensionales Spiel befeuere die Aktivität im Kleinhirn, erzeuge viele Impulse im Frontallappen – dem aus-

führenden Teil – und fördere die Entwicklung des kontextuellen Gedächtnisses.

Wunderbare Dinge geschehen in unserem Gehirn, wenn wir spielen. Der Akt des Spielens stimuliert unsere Kreativität und unsere Fähigkeit, Probleme zu lösen, und man fühlt sich einfach besser. Oder, wie Brown es ausdrückt:

„Das Gegenteil von Spiel ist nicht Arbeit, es ist Depression."

Was sollen wir also tun? Bridge spielen lernen oder unsere alten Puppen abstauben? Das kann man machen, aber es ist nicht unbedingt nötig. Definiert ist Spielen als etwas, das man tut, weil es einem Spaß macht, ohne ein Ziel im Kopf zu haben. Es ist das Tun von etwas Unerwartetem, das einen zum Lachen bringt; es ist das Schaffen von etwas, ohne dabei die oder der Beste sein zu wollen; es ist das Spielen von „Mensch ärgere dich nicht" oder Schach, das Tanzen und Lachen aus keinem besonderen Grund.

Wir Erwachsenen sind meist so sehr darauf fixiert, effizient zu sein, dass wir uns kaum noch die Zeit nehmen, um Spaß zu haben. In diesem Kapitel findest du eine Menge einfacher Arten, um wieder etwas Spielerisches in dein Leben zu bringen.
Dein Gehirn will das!

62 Was waren als Kind deine Lieblingsbeschäftigungen?

Schreibe sie hier auf und führe eine sofort aus.

63 Spielen kann so einfach sein wie etwas Ungewöhnliches in etwas Vertrautem zu finden oder sich an etwas Banalem zu erfreuen. Mit Wörtern kann man zum Beispiel gut spielen.

Erfinde ein neues Wort, indem du zwei Wörter zusammenfügst.

64 Es kann sehr erfrischend sein, etwas zu tun, was absolut keinen Nutzen hat. Schneide berühmte Gesichter aus einer Zeitschrift aus und klebe sie hier auf.

Verziere sie mit Bärten, Hüten und Brillen.

65 Zeichne auf dieser Seite ein Labyrinth. Fang bei dir an und ende bei der Hängematte, um deine Reise zu Achtsamkeit und Entspannung darzustellen. Zeichne das Labyrinth kompliziert.

Male vielleicht auch ein paar stressige Sachen aus deinem Leben mit auf.

66 Spiele mit jemandem „Dots and Boxes", eine Variante des alten Spiels Käsekästchen. Solche einfachen Spiele sind eine lustige Art, um zu entspannen und Verbundenheit herzustellen. Jeder erhält einen verschiedenfarbigen Stift und zeichnet abwechselnd eine Linie zwischen zwei horizontal oder vertikal benachbarten Punkten. Wer als Erstes die vierte Seite eines Quadrats gezeichnet hat, malt das entstandene Kästchen aus und zeichnet die nächste Linie.
Der Spieler mit den meisten Kästchen in seiner Farbe gewinnt.

67 Es macht Spaß, sich vorzustellen, dass Dinge menschliche Züge haben. Male eine deiner Pflanzen und erfinde eine Persönlichkeit für sie. Gib ihr einen Namen und schreibe ihre Charakterzüge dazu!

Name:

Einäugiger Joe

Persönlichkeit:

Wild & durstig

68 Was hast du von deinen ersten Computerspielen noch in Erinnerung?

Zeichne Figuren aus den Spielen deiner Kindheit.

69 Spielen hält dich im Herzen jung. Wenn du das nächste Mal an einem Spielplatz vorbeikommst, probiere eine der Schaukeln aus und schaukele wie eine Siebenjährige. Wie hoch kommst du?

Zeichne dich selbst auf dieser Schaukel.

70 Eine Flugbegleiterin hatte es satt, bei jedem Flug die gleichen langweiligen Sicherheitsbestimmungen herunterzubeten, also machte sie einen Rap daraus. Bring Pep in deinen Tag und mache einen Rap aus etwas, das du täglich sagen musst.

71 Das menschliche Hirn ist eine „Verbindungsmaschine". Fordere deine Kreativität mit einem kleinen Assoziationsspiel heraus. Beginne mit dem Wort „Spiel" und schreibe dann das erste Wort, das dir dazu einfällt. Danach schreib das Wort, das du mit dem zweiten assoziierst, und so weiter. *Schreib so viele Wörter, wie dir in zwei Minuten einfallen.*

SPIEL

72 Schneide aus einem gefalteten Papierblatt eine lustige Girlande mit sich an den Händen haltenden Püppchen. *Male ihnen Gesichter und farbenfrohe Outfits.*

73 Schon mal das Gesicht von Elvis auf einer Toastbrotscheibe gesehen? Nein? Irgendjemand irgendwo hat das bestimmt, denn um uns herum sind lauter Gesichter – auf Steckdosen, Autoscheinwerfern, Lebensmitteln. Sie können lustig oder gruselig oder seltsam aussehen. Wenn du dich umschaust, entdeckst du sie, und dann wirst du sie plötzlich überall sehen.

Mach Fotos oder zeichne die Gesichter hier.

74 Etwas mit der linken Hand zu tun, was du normalerweise mit der rechten machst (oder andersherum), weckt dein Hirn auf.

Schreibe hier mit deiner „anderen" Hand etwas über deinen Tag.

75 Mach dich schmutzig! Male mit den Fingern.

76 Unsere besten Lehrer beim Spielen sind kleine Kinder: die Art, wie sie Welten sehen, wo wir nichts sehen; die Art, wie sie Dinge spannend finden, die wir als selbstverständlich hinnehmen. Spiele heute wie ein Kind, versuche zu sehen, was Kinder sehen, und lerne davon.

Notiere, was du gesehen hast.

....
....
....
....
....
....
....
....

77 Sport ist mehr, als fit zu bleiben; wenn dir Sport keinen Spaß macht, machst du den falschen Sport. Vielleicht liegt dir eher Federballspielen mit einem Nachbarn oder Tanzen im Wohnzimmer oder Radfahren in der Natur. Schreibe drei sportliche Aktivitäten auf, die dir deiner Meinung nach Spaß machen würden oder dir schon Spaß gemacht haben.

Wähle eine, die du diese Woche machst.

1
....
2
....
3
....

78 Nichts ist aufregender als die Vorstellung von einem Versteck für dich und deine Freunde hoch oben in einem Baum, mit einem geheimen Passwort und einer Menge fantasieanregender Geschichten. Male dein eigenes Baumhaus – zum Spielen, als Rückzugsort und zum Fantasieren. Male auch Extras wie eine Rutsche oder einen Korb, in dem man Schätze und Mitternachtssnacks heraufziehen kann.

79 Erfinde ein neues Fahrge-
schäft für einen Abenteuer-
park und zeichne es auf. Was ist
sein Thema? Wie viele Loops hat
es? Was könnte es Besonderes
haben, damit alle damit fahren
wollen?

80 Peppe einen langweiligen Tag
auf und tue so, als wärst du ein
Spion. Durchsuche Zeitungen und
Werbeplakate nach geheimen Nach-
richten, schleiche durch die Gegend
und stell dir vor, die Leute, die du
triffst, seien Verbündete
oder Rivalen.

81 Sieh dir im Fernsehen eine Episode einer Seifenoper ohne Ton an, am besten mit einer Freundin. Stellt euch vor, was die Personen sagen könnten, und synchronisiert sie mit verstellten Stimmen.

82 Was bedeutet Spaß für dich? Denk wirklich darüber nach. Welche Aktivitäten machen dich fröhlich und ausgelassen?

Was bringt dich zum Lachen?

Male diese Schneekugel mit dem Knusperhäuschen von Hänsel und Gretel bunt aus.

83

61

84 Backe einen fantastischen, verrückt dekorierten Kuchen und verziere ihn mit all deinen liebsten Süßigkeiten. Gestalte ihn so extravagant wie möglich. Lade Freunde und Nachbarn ein, die dir beim Auf-essen helfen.

Zeichne hier deine Ideen für den Kuchen auf.

85 *Heute feiere ich* ....

Glückliche-Bäume-Tag!
Fröhliches Freundschaftstum!
Feiere heute etwas.
Stelle aus farbigem Papier Konfetti her
und klebe einige auf diese Seite.

Beende den Satz in dem Spruchband.

86 Musik zu machen und zu hören, steht weit oben auf der Liste der Aktivitäten, die Menschen glücklich machen. Wusstest du, dass Rhythmusgefühl eine menschliche Grundeigenschaft ist? Wir erkennen in Musik automatisch bestimmte rhythmische Muster und können dazu klatschen. Aber Musik gibt uns nicht nur ein gutes Gefühl, sondern erzeugt auch eine Verbindung mit anderen.

Stell dir Musik an und klatsche dazu.

87 Erfinde einen neuen Tanz. Probiere verschiedene Bewegungen aus, die von etwas Beliebigem inspiriert sein können: von einer alltäglichen Aktivität oder einem Tier (spiel Krabbe! spiel Vogel!). Wenn es dich zum Lachen bringt und dir ein gutes Gefühl gibt, ist es genau richtig.

Zeichne die Bewegungen auf und gib deinem Tanz einen Namen.

SPIEL

88

Erinnerst du dich, wie du als Kind Sachen gesammelt hast – Fußballerbilder oder Sticker oder kleine Steine? Sammle etwas Kleines, zum Beispiel gefundene Knöpfe oder Büroklammern.

Zeichne hier deine Mini-Sammlung.

89 Spielen kann man mit fast allem. Sogar während man die Zeitung liest – auch wenn du vielleicht denkst, dass du dabei ernsthaft sein solltest.

Schwärze in einer Zeitung Wörter, sodass lustige Sätze übrig bleiben, oder formuliere aus den übrigen Wörtern ein kleines Gedicht. Schreib die besten Sachen hier auf.

....

....

....

....

....

....

....

....

....

....

90 Hast du als Kind jemals „Himmel und Hölle" gespielt? Warum hast du damit aufgehört? Geh nach draußen und male mit Straßenkreide ein „Himmel und Hölle"-Spiel auf das Pflaster.

Spiele es allein oder lade andere ein, mitzuspielen.

91 Male für vorbeigehende Leute mit Straßenkreide bunte Bilder auf das Pflaster vor deinem Haus; du kannst auch ein Gedicht oder eine nette Botschaft aufschreiben.

92 Male auf diesen Seiten, als ob du eine Fünfjährige wärst.

KÖRPER

Forschungsergebnisse zeigen regelmäßig, dass das, was wir denken und fühlen, von Hormonen und anderen Vorgängen im Körper beeinflusst ist. Trotzdem denken viele Menschen noch immer, dass die Annahme einer Geist-Körper-Verbindung in eine spirituelle, alternative Ecke gehört. Sich um das Wohlergehen seines Körpers zu kümmern, wird selbst von vielen Intellektuellen belächelt. Ein buddhistischer Lehrer sagte mir einmal: „Du betrachtest die Welt nur mit deinem Kopf und vergisst den Rest. Das ist eine solche Verschwendung des wunderbaren menschlichen Körpers."

Alles hängt zusammen. Hormone formen unsere Gedanken und Emotionen und unser Gehirn wird beeinflusst von unserer Haltung, unserem Atem, unserer Muskelspannung und so weiter. Andersherum genauso; Informationen gehen hin und her. Das zu ignorieren,

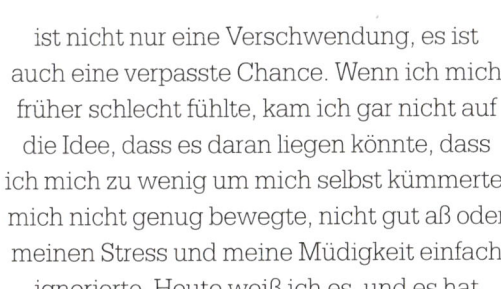

ist nicht nur eine Verschwendung, es ist auch eine verpasste Chance. Wenn ich mich früher schlecht fühlte, kam ich gar nicht auf die Idee, dass es daran liegen könnte, dass ich mich zu wenig um mich selbst kümmerte, mich nicht genug bewegte, nicht gut aß oder meinen Stress und meine Müdigkeit einfach ignorierte. Heute weiß ich es, und es hat mein Leben verändert.

Dein Körper sagt dir, wie es dir geht, nicht nur physisch, sondern auch emotional. Wie es der Mentaltrainer Aaldrik Jager, ein ehemaliger Leutnant, erklärt: „Alle Emotionen beginnen in deinem Körper, Angst, Ärger, Glück, Traurigkeit; die Grundgefühle werden gespürt, noch bevor man sie aussprechen kann. Wenn man sich aber nur in seinem Kopf befindet, fühlt man die Signale des Körpers nicht oder übergeht sie. Beachtet man diese Zeichen und nimmt sie ernst, kann man besser für sich selbst sorgen."

Also tanze, beweg dich, atme und achte auf die Signale, die dein Körper dir sendet. Die Verbindung zu deinem Körper ist wesentlich, um dich gut zu fühlen und einen Mindful Flow aufrechtzuerhalten.

93 Denke an einen Moment in dieser Woche, in dem du dich voller Energie gefühlt hast. *Beschreibe die Situation.*

Was hast du getan?

Wie spät war es?

Was war sonst gerade los?

94 Vergegenwärtige dir einen Moment, in dem du dich schlapp und ohne jede Energie gefühlt hast. *Beschreibe die Situation.*

Was geschah, bevor du dich so fühltest?

Wie spät war es?

Was war sonst gerade los?

95 Wackle mit den Zehen!
Notiere deine Gedanken
und Gefühle.

96 Hast du schon einmal dem
Wunder zugeschaut, wie ein
Baby zum ersten Mal seine Hände entdeckt? Es ist ein magischer
Moment, den man zu leicht vergisst.
Hör auf mit dem, was du gerade
tust, und beschäftige dich einen Augenblick mit deinen Händen. Achte
auf die Form deiner Finger, die Art,
wie sie sich bewegen, die Linien
und Adern, die dich einzig-
artig machen. Male in
diesen Umriss, was du
entdeckt hast.

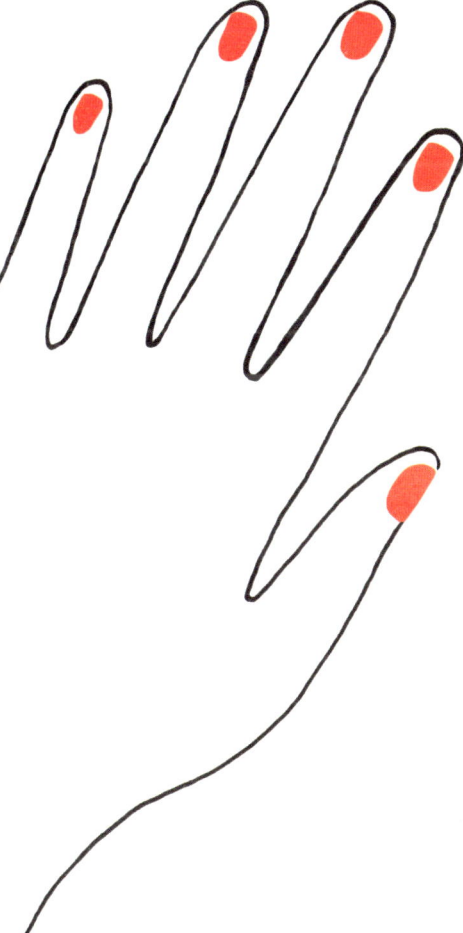

97 Treppensteigen ist Sport, der nichts kostet. Zeichne oder notiere die Treppen, die dir im Verlauf einer Woche begegnen. Achte auf all die Treppen, die du mit einem Fahrstuhl oder Rolltreppen umgehst.

98 Nimm zwei Minuten lang eine Sieger- oder Superwoman-Pose ein. Untersuchungen haben ergeben, dass man sich tatsächlich optimistischer fühlt, wenn man eine selbstsichere Haltung einnimmt. Amy Cuddy von der Harvard Business School schreibt, dass dadurch der Testosteronspiegel steigt und der Cortisolspiegel (Stress) sinkt.

Notiere, was du selbst bemerkt hast.

....
....
....
....
....
....
....
....
....
....

99 Wackle mit den Fingern!
Notiere deine Gedanken und Gefühle.

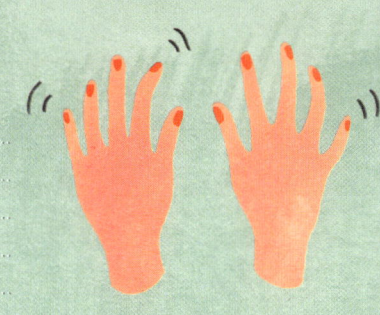

....

....

....

....

....

....

....

....

....

....

....

....

....

....

....

....

....

....

....

....

....

....

....

100

Zieh die Schultern hoch und lass sie wieder fallen. Wiederhole das dreimal. Spüre den Unterschied zwischen vorher und nachher.

101

Das Körperbewusstsein kann man sehr gut durch isolierte Tanzbewegungen schulen. Stell dir fröhliche Musik an und setz dich. Nun klopfe zunächst nur mit den Füßen den Takt. Danach bewegst du nur die Schultern. So fährst du mit den Hüften, dem Kopf und so weiter fort. Versuche, ganz im Moment zu bleiben, lass deine Gedanken los und spüre, was in deinem Körper passiert.

102 Nachts stellt sich unser Gehirn neu ein. Oder, wie es in einer Untersuchung heißt, unser Gehirn wird reingewaschen. Forschungen haben belegt, dass guter Schlaf genauso wichtig für uns ist wie gesundes Essen und Bewegung. Man fühlt sich nicht wohl, wenn man nicht genug schläft. Wie reagierst du auf eine Nacht, in der du schlecht geschlafen hast?

Zeichne kleine Symbole, um es zu illustrieren.

103 Zeichne dein Bett. Gibt es etwas, das du ändern würdest, um besser zu schlafen?

4-7-8-ffffff!

104 Der amerikanische Arzt Andrew Weil entwickelte die 4-7-8-Atemübung, die das Einschlafen fördert. Sie ist ganz einfach. Atme vier Sekunden ein, halten den Atem sieben Sekunden an und atme dann durch den Mund acht Sekunden lang geräuschvoll aus. Vier- bis achtmal wiederholen.

Das hilft dir, schnell zu entspannen.

105 Kehre zu deiner biologischen Uhr zurück. Verbringe einen Abend weg vom Bildschirm und ohne soziale Ereignisse und dämpfe das Licht. Achte darauf, wann du müde wirst oder dir kalt wird, ein Zeichen, dass dein Körper sich auf den Schlaf vorbereitet. Geh zu Bett, wenn du schläfrig bist, ohne noch mal auf dein Handy zu schauen und ohne den Wecker zu stellen. Wann bist du ungefähr schlafen gegangen und wann aufgewacht? Wie viele Stunden hast du geschlafen? Mach das ein paarmal, dann weißt du, wie viele Stunden du schläfst, wenn die Natur Regie führt.

Versuche, jede Nacht diese Anzahl an Stunden zu schlafen.

106 Das blaue Licht, das unsere Telefone und Computer ausstrahlen, hält uns wach und verhindert, dass wir die Hormone produzieren, die wir zum Einschlafen brauchen. Schalte eine Stunde, bevor du schlafen gehst, alle Bildschirme aus. Beschäftige dich stattdessen offline.

Schreibe drei Sachen auf, die du machen kannst.

1 ....
....

2 ....
....

3 ....
....
....
....

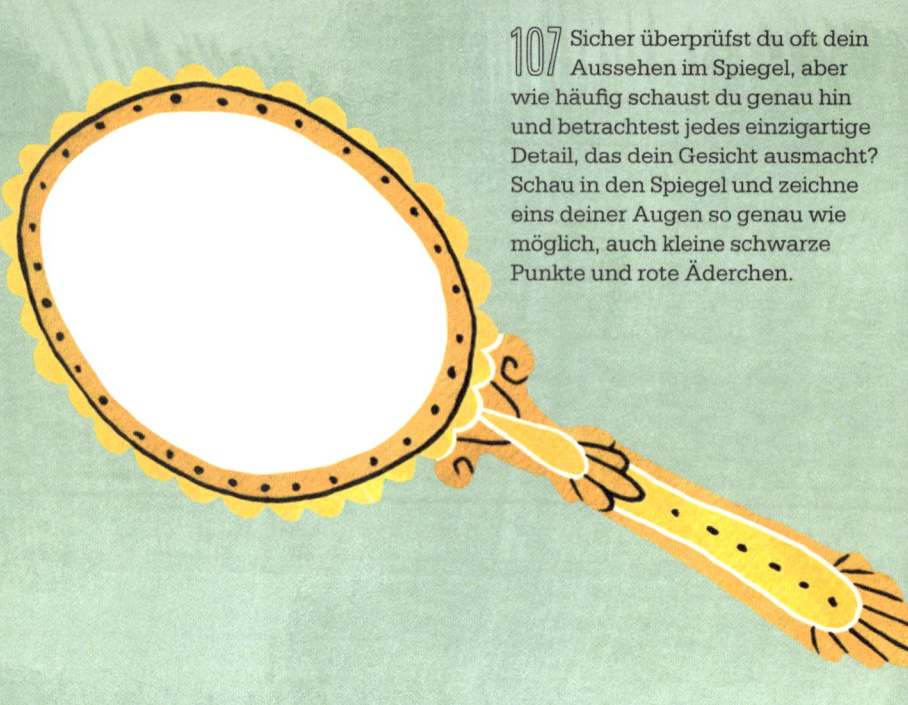

107 Sicher überprüfst du oft dein Aussehen im Spiegel, aber wie häufig schaust du genau hin und betrachtest jedes einzigartige Detail, das dein Gesicht ausmacht? Schau in den Spiegel und zeichne eins deiner Augen so genau wie möglich, auch kleine schwarze Punkte und rote Äderchen.

108 Stopp! Welche Teile deines Körpers sind gerade angespannt? Atme tief ein und entspanne sie.

Schreib auf, was dir dabei auffällt.

109 Schreibe einen Brief an deinen Körper. Wann hat er dir geholfen? Wann hat er dich zurückgehalten? Wofür bist du dankbar? Was würdest du ihm sagen, wenn er dich verstehen könnte?

Sei freundlich und tu so, als würdest du zu einem guten Freund sprechen.

110

Wenn du lachst, schüttet dein Körper Endorphine aus, deine Muskeln entspannen sich und Stresshormone werden reduziert. Deswegen fühlt man sich erleichtert, wenn man herzhaft gelacht hat. Madan Kataria, der Begründer des Lachyoga, entdeckte, dass der Körper nicht zwischen echtem und gekünsteltem Lachen unterscheiden kann. Lachen wir also! Stell den Wecker auf zwei Minuten und fülle diese Zeit mit Lachen.

Schreib auf, was passiert.

111

Untersuche dein eigenes Lachen. Zeichne es und kennzeichne mit Farben und Bewegungen die Geräusche und Besonderheiten *deines einzigartigen, persönlichen Lachens.*

112

Lächle und atme ein paar Minuten lang dein Glück ein.

Zeichne ein Lächeln.

113 Probiere verschiedene Arten zu lachen aus und achte darauf, wie du dich bei welchem Lachen fühlst.

Lachen 1: Lache, als wärst du ein König oder eine Königin, und winke den Leuten zu.

Lachen 2: Lache, als wärst du eine Hexe; mache ein böses Gesicht und lache ganz hoch.

Lachen 3: Lache wie ein Riese, während du große, schwere Schritte machst. Leg eine Hand auf deinen Bauch und fühle das tiefe Dröhnen.

114 Buddhisten glauben an das göttliche Dreieck, mit Energie, Atem und Gedanken in den drei Ecken. Diese drei existieren zwar für sich, sind aber miteinander verbunden und beeinflussen zusammen dein ganzes Wesen. Manchmal fällt es schwer, seine Gedanken zu kontrollieren, auch Energie ist schwer kontrollierbar, aber seinen Atem **kann** man kontrollieren.

Versuche zu erkennen, wie sich dein Atem unterscheidet, je nachdem, ob du gestresst oder entspannt bist.

KÖRPER

115 Um Energie zu tanken, atme acht Sekunden ein und vier Sekunden aus. Wiederhole das eine Minute lang, und du wirst neue Energie spüren. Um dich zu beruhigen, atme andersherum.

Probiere beide Atemtechniken und beschreibe den Unterschied, den du fühlst.

116 Auch diese Yogaübung gibt dir neue Energie. Atme durch die Nase ein und aus, so schnell du kannst.

Tu das eine Minute lang und notiere, was du gefühlt hast.

117 Atme ein, atme aus. Pause. Zeichne in der Pause etwas Kleines. Fang erst wieder an einzuatmen, wenn dein Körper es fordert. Wiederhole das Ein- und Ausatmen und zeichne in jeder Pause nach dem Ausatmen etwas.

118 All unsere Gefühle finden ihren Widerklang in unserem Körper, aber meist achten wir zu wenig auf seine Signale, um das zu bemerken. Denk an etwas, das dich aufregt. Versuche wahrzunehmen, wo in deinem Körper deine Emotionen zu spüren sind.

119 Wenn wir uns das Wunder des menschlichen Körpers bewusst machen, beginnen wir zu verstehen, was er Großartiges leistet. Wie der Körper sich bei Verletzungen selbst heilt, ist nur eins seiner kleinen Wunder. Betrachte den menschlichen Körper, als seist du ein Besucher aus dem Weltall.

Was findest du am menschlichen Körper besonders interessant?

....
....
....
....
....
....
....
....
....
....

120 Lege dich für einen meditativen Body-Scan hin. Konzentriere dich bei jedem Atemzug auf einen anderen Teil deines Körpers; beginne bei den Zehen, ende an deinem Scheitel. Versuche dabei, nach und nach jeden Muskel zu entspannen. Zeichne am Körper unten auf dieser Seite an den Stellen Pfeile, wo du es schwierig fandst, die Muskeln zu entspannen.

121 Führe zu einer anderen Zeit einen zweiten
Body-Scan durch und notiere wieder, wo du
die Spannung nur schwer abbauen konntest.

Hast du einen Unterschied bemerkt?

KRITZELEIEN

LASS DEINE KREATIVITÄT FREI – KRITZELE ODER

MALE EINFACH DRAUFLOS.

Es gibt Tausende Gründe, warum ich gern kritzele und zeichne. Nicht, weil ich es gut kann – eher gar nicht gut. Aber ich habe vor langer Zeit beschlossen, dass meine Zeichnungen nicht gut aussehen müssen. Das half mir sehr. Niemand bezahlt mich fürs Zeichnen, also kann ich selbst bestimmen, was und wie ich zeichne. Ich bin frei. Und trotzdem kenne ich viele Illustratoren, die mit ihrem eigenen, seltsamen Stil erfolgreich wurden. In unseren digitalen Zeiten sehnen sich die Menschen nach Authentizität. Wenn meine Zeichnungen also etwas merkwürdig aussehen, sage ich mir einfach:

„Hey, wenigstens sind sie authentisch."

Fast jeden Tag zeichne ich irgendetwas vom Tag in mein Notizbuch. Wenn mir nichts einfällt, zeichne ich einfach, was sich gerade vor mir befindet. Was mir daran gefällt? Erstens beruhigt es mich wie nichts anderes. Ich gehe ganz in mir selbst auf und vergesse meine Sorgen. Manchmal merke ich, wie ich kichere und komische Gesichter ziehe, die zu meinen Zeichnungen passen. Ich mag es, wenn etwas Unerwartetes passiert, wenn meine Hand etwas tut, das mein Kopf ihr nicht bewusst vorgegeben hat. Zweitens liebe ich es, dass ein Gekritzel alles sein kann, begrenzt nur durch die eigene Fantasie. Drittens macht mich Zeichnen und Kritzeln achtsamer.

„Man hat etwas nicht wirklich gesehen, bevor man es nicht gezeichnet hat",

sagte der berühmte holländische Illustrator **Peter Vos** (1935–2010). Seine liebsten Zeichenobjekte waren Vögel. „Sie sind unglaublich schön. Und weil ich sie gezeichnet habe, weiß ich, wie schön."

In diesem Kapitel wirst du immer wieder aufgefordert, locker und ohne Erwartungen loszukritzeln. Lass die Finger vom Radiergummi. Lache über deine Fehler und halt dich nicht selbst zurück. Lass deine Hand locker über die Seiten fahren, spiel mit deinem Strich und hab Spaß dabei.

122 Zeichne deinen Tag, ohne den Stift vom Papier abzuheben. Sobald die Stiftspitze das Papier nicht mehr berührt, ist die Zeichnung fertig.

123 Zeichne ein einfaches Selbstporträt: mit der rechten Hand, wenn du Linkshänderin bist, oder andersherum, wenn du Rechtshänderin bist.

ICH

124 Gestalte diese Socken weniger langweilig.

Zeichne ihnen Muster.

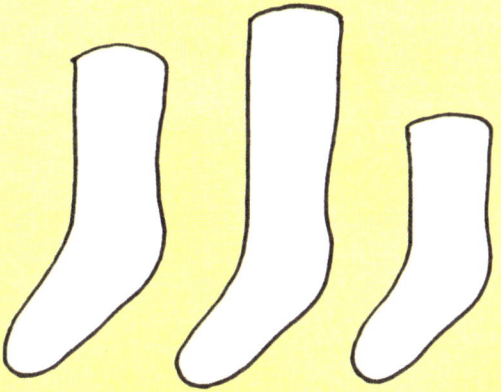

KRITZELEIEN

125 Fülle diese Töpfe mit Kakteen und male einigen auch Blüten.

126 Fülle dieses Feld mit bunten Punkten aus.

Verwende dicke Filzstifte für Kinder, wenn du magst.

127 Zeichne in jeden Rahmen einen anderen Gesichtsausdruck, so viele, wie du in einer Minute schaffst. Zum Beispiel ängstlich, verliebt, ärgerlich, glücklich, traurig. Stell den Wecker deines Handys.

Achtung, fertig, los!

128 Wir haben alle einen inneren Kritiker, der uns sagt, dass das, was wir tun, nicht gut genug ist. Gib diesem Quengler ein Gesicht und zeichne es hier. Dann sperr ihn hinter Gitter und wirf den Schlüssel weg.

129 Setz dich über die übliche Tendenz, schöne Kunst zu machen, hinweg und zeichne ein hässliches Bild. Wirf alle Ästhetik über Bord. *Hab Spaß dabei.*

130 Lockere deine Hand, indem du funky Musik anstellst und zufällige Formen und Linien kritzelst, während deine Hand dem Rhythmus der Musik folgt.

131

Wenn du schon mal ein Korallenriff gesehen hast, weißt du, wie verschiedenartig und farbenfroh das Unterwasserleben sein kann.

Zeichne verschiedene Fische und Meerestiere in leuchtenden Farben.

132 Kannst du ohne Lineal eine gerade Linie ziehen?
Zeichne zehn gerade Linien. Es hilft, wenn du dich darauf konzentrierst, wo deine Linie enden soll.

133 Hier regiert die Fantasie: Kombiniere zwei Sachen in einer Zeichnung, die in der realen Welt nie zusammenkommen, zum Beispiel einen Bär mit einer Tasse Tee oder einen Fisch mit einem Schnurrbart.

Experimentiere mit den seltsamsten Kombinationen.

134 Zeichne drei Phasen eines Apfels: ganz, halb gegessen und Kerngehäuse.

135

Kritzele ein paar kleine Gegenstände in 3-D. Fang mit etwas Einfachem wie einer kleinen Schachtel an, dann experimentiere mit verschiedenen Formen, zum Beispiel einem Bleistift oder einer Münze.

136 Der holländische Illustrator und Grafikdesigner Dick Bruna (1927–2017), der Schöpfer von Miffy, war ein Meister im Vereinfachen der Welt um sich her. Er wollte ein Objekt mit so wenigen Linien wie möglich, aber noch erkennbar gestalten. Imitiere Brunas Methode und zeichne etwas, das sich vor dir befindet. Zeichne es noch einmal und lass einige Einzelheiten weg. Vereinfache es dann, bis du nichts mehr weglassen kannst.

137 Zeichne ein Gebäude in deiner Stadt. Konzentriere dich auf den Umriss, der das Gebäude vom Himmel abhebt. Dadurch verdeutlichst du den Platz, den das Gebäude einnimmt, anstatt dich auf sein Aussehen zu konzentrieren.

138

Manchmal sind die einfachsten
Ideen die effektivsten und spaßigsten.
Probiere das aus, indem du Tiere aus
Grundformen zeichnest, zum Beispiel aus
Kreisen, Quadraten, Rechtecken
und Dreiecken.

139 Achtsames Kritzeln: Fülle diesen Kasten mit
Spiralen, sodass keine weißen Stellen bleiben.
Konzentrier dich auf deine Hand auf dem Papier.
Wenn deine Gedanken abschweifen, bring sie zurück
zu deinen Spiralen. „*Spirale*" *los!*

140 Der Illustrator Peter Vos sagte: „Man hat etwas nicht wirklich gesehen, bevor man es nicht gezeichnet hat." Zeichne ein paar Vögel aus verschiedenen Perspektiven, zum Beispiel von unten, von oben und so weiter.

141 Schließe deine Augen und zeichne das Erste, was dir in den Sinn kommt.

142 Entwirf eine Landschaft, indem du mit einem Fineliner Striche, Streifen, Punkte, Kreuze und Tupfer zeichnest. Füge danach ein paar kleine Häuser und Bäume hinzu.

143 Zeichne ein freundliches Tier, das du kennst.

144 Zeichne ein böses Tier, das du kennst.

145 Zeichne etwas aus deiner Umgebung in Schwarz-Weiß mit so vielen Strichen wie möglich.

146 Mach aus deinem Tag einen kleinen Comic.

147 Deine begehrtesten Sachen zu zeichnen, ist das Zweitbeste nach dem Kaufen. Erstelle hier kleine Zeichnungen von Gegenständen auf deiner Wunschliste.

148

Zeichne das Cover deines Lieblingsbuchs oder deiner Lieblingszeitschrift.

149 Zeichne alle Häuser, in denen du bisher gewohnt hast, angefangen bei deinem Elternhaus bis zu dem, in dem du jetzt wohnst.

150 Zeichne dein Traum-haus.

151 „Kritzeleien haben die Macht, alles zu sein", sagt der Künstler Jon Burgerman, bekannt dafür, den ihm in der Bahn gegenübersitzenden Leuten neue Körper zu zeichnen. Folge seinem Beispiel: Klebe hier drei Köpfe aus Zeitschriften auf und zeichne ihnen verrückte Fantasiekörper.

152 Du kannst dein eigenes Material wählen, aber dein Zeichenstil wählt dich. Wenn du deinen eigenen Stil gefunden hast, fühlst du dich beim Zeichnen sicherer. Es ist, als fände man seine eigene Stimme. Klebe ein Bild oder eine Illustration, die du magst, auf diese Seiten und versuche, sie in verschiedenen Stilen zu kopieren.

Finde heraus, welcher Zeichenstil sich für dich am natürlichsten anfühlt.

VERBUNDENHEIT

LEBEN IST VERBUNDENHEIT

MIT DER WELT.

Neulich habe ich einen netten, jungen Reisenden aus Brasilien getroffen.

Er studierte Psychologie und hatte ein Urlaubsjahr genommen, um für sich selbst einige Dinge herauszufinden. Er war in meinem Viertel am Stadtrand von Amsterdam gelandet, und weil das Hostel ausgebucht war, hatte ihn eine Nachbarin eingeladen, bei ihr und ihrer Familie zu wohnen. Wir standen an einem Sommerabend draußen, die Nachbarskinder hatten gerade eine Wasserschlacht beendet, alle waren zufrieden und fröhlich. Manche Nachbarn hatten ihren Abendkaffee mitgebracht, ich nippte an einem Glas Wein. Als das Gespräch auf unseren brasilianischen Besucher kam, sagte meine Nachbarin scherzhaft: „Er ist

hier, um nach dem Sinn des Lebens zu suchen." – „Ah", erwiderte ich lachend, „da ist
er hier richtig. Der Sinn des Lebens ist genau
hier; das sind wir, wie wir über den Sinn des
Lebens reden."

Natürlich wollte ich zum Teil einen Witz
machen. Ich habe keine Ahnung, was der
Sinn des Lebens wirklich ist. Aber ich weiß,
was meinem Leben Sinn verleiht. Und das
ist Verbundenheit – mit meinen nächsten
Liebsten, aber auch mit meinen Nachbarn
und anderen Menschen, die gerade
meinen Weg kreuzen.
Diese zufälligen positiven Begegnungen
auf der Straße oder die fürsorgliche Geste einer Freundin sind voller Glück. Früher dach-
te ich, das ginge mir so, weil ich extrovertiert
bin, aber die Forschung zeigt, dass alle sich
nach wirklicher Verbundenheit sehnen, auch
Introvertierte; vielleicht auf andere Art,
aber sie sehnen sich trotzdem danach.

Der Schlüssel zum Glück ist also, freundlich
zu sein – nicht nur zu anderen, sondern auch
zu sich selbst und zu allem um einen herum.
Dieses Kapitel ist voller kreativer und achtsamer Anregungen, um Verbundenheit
herzustellen, denn Verbundenheit
gibt allem einen Sinn.

....

153 Die For-
schung zeigt,
dass hilfreiche
Freunde extrem
wichtig für unser
Wohlbefinden sind.
Wie unterstützen
dich deine Freun-
de? Welcher Freund
fällt dir zuerst ein?

*Schreibe über ihn
oder sie und darüber,
wie er oder sie dich
unterstützt hat.*

154 „Ein Fremder ist ein Freund,
den man nur noch nicht kennengelernt hat", sagte der amerikanische Entertainer Will Rogers
(1879–1935). Denke an jemand, den
du gesehen, aber nicht persönlich
kennengelernt hast. Zeichne diese
Person und dich als Freunde.

155 Im Internet finden sich Tausende Bilder von Herzformen, die Menschen zum Beispiel in Wolken, Steinen oder Blumen entdeckt haben. „Es ist, als würde die Natur ‚Ich liebe dich' sagen", schreibt die Schauspielerin Drew Barrymore in ihrem Buch über dieses Phänomen. Geh heute auf die Jagd nach Herzformen. Zeichne hier eine, die du gefunden hast.

NOTIZEN

156 Wir teilen unseren Planeten mit Millionen Menschen, von denen jeder sein eigenes Leben und seine eigenen Gedanken hat. Aber täglich laufen wir an sehr vielen von ihnen vorbei, ohne irgendeine Verbindung zu ihnen herzustellen. Mach aus dem heutigen Tag deinen „Lächel-Tag", lächle jeden an, so lange, bis jemand zurücklächelt.

Mach Notizen, wie es dir erging und wie du dich gefühlt hast.

157 Mitgefühl ist ein wichtiger Teil von Achtsamkeit. Ärger und Groll behindern das Wohlbefinden. Sich bewusst zu machen, dass selbst unsympathische Menschen in deinem Leben ihre guten Seiten haben, verändert dein Gefühl ihnen gegenüber. Wähle eine Person aus, mit der du Probleme hast. Schreibe hier neben ihren nervigsten Zügen ihre besten Eigenschaften auf die Positiv-Seite.

POSITIV   NEGATIV

158 Denk an deine Füße. Sie arbeiten den ganzen Tag für dich und bringen dich überallhin. *Gib ihnen eine schöne Massage und nimm dir einen Moment Zeit, um ihnen für den tollen Job zu danken, den sie machen.*

159

Bitte eine Freundin oder ein Familienmitglied, dich zu zeichnen und die Dinge zu betonen, die sie oder er an dir mag.

160 Suche in deinen Taschen nach einem Ticket für eine Veranstaltung, die du mit einer Freundin besucht hast, zum Beispiel für einen Kinobesuch. Klebe es hier auf. Mit wem bist du hingegangen? Wie war es? Worüber habt ihr geredet?

161 Liebe ist überall! Entdecke bei anderen kleine Gesten der Zuneigung. Schau nach Paaren, die sich an den Händen halten, Eltern, die ihre Kinder knuddeln, Freunden, die sich umarmen.

Zeichne eine liebevolle Szene, die du heute gesehen hast.

162 Meist vergessen wir Komplimente und erinnern uns nur an Kritik; so sind die Menschen angelegt. Der Psychologe John Gottman geht davon aus, dass in einer Beziehung fünf positive Interaktionen nötig sind, um eine negative Interaktion zu kompensieren. Konzentriere dich also heute auf das Positive. Notiere alle Komplimente, die du bekommen hast, egal wie klein und von wem, auch wenn es nur ein anerkennender Blick oder eine Hand auf deiner Schulter war. *Schreib sie hier auf.*

KOMPLIMENT	VON WEM

163 Wer sagt, dass Freundschaftsbänder nur für Jugendliche sind? Kauf farbiges Garn und flechte eins für einen Freund. *Die kleinen Dinge im Leben machen den Unterschied.*

VERBUNDENHEIT

164 Menschen, die in Beziehungen zu ihrer Verletzlichkeit stehen, seien die glücklichsten, meint die amerikanische Forscherin Brené Brown. Sich seiner Schwächen nicht zu schämen und sie nicht zu verstecken, ist der Schlüssel zu wirklicher Verbundenheit.

Welche Schwächen würdest du vor anderen lieber verstecken? Wann fühlst du dich verletzlich? Mit welchen Menschen fühlst du dich sicher?

165 Welche Erinnerungen hast du an dein erstes Verliebtsein?

166 Oft hat man Angst, den ersten Schritt zu machen, sich als Erster zu entschuldigen oder jemandem die Wahrheit zu sagen. Stell dir vor, wie du in einer unangenehmen Situation den ersten Schritt machst.

Zeichne/Beschreibe die Situation. Was würdest du sagen?

167 Wenn wir mit anderen reden, spiegeln wir häufig deren Gesichtsausdruck und Körpersprache. Achte bei deiner nächsten Begegnung mit jemandem, den du magst, auf dein Spiegeln. Vielleicht entdeckst du dieses Verhalten auch bei anderen, die mit dir interagieren.

168 Der Verlust geliebter Menschen kann niederschmetternd sein, aber wir halten sie in unseren Herzen und Gedanken am Leben. Schreibe eine Postkarte an eine geliebte Person, die gestorben ist, und zeichne auf die Vorderseite ein Bild, das eure Verbundenheit zeigt.

169 In der Mongolei glauben die Schamanen, dass alles eine Seele hat, auch Steine und Berge. Deswegen behandeln sie auch alle kleinen Dinge mit Respekt.

Betrachte deine Umgebung, als hätte alles eine Seele, und zeichne die Gegenstände, die dir ins Auge fallen.

170 Such dir einen Gegenstand oder ein Bild, der
oder das dir ein Ereignis oder
eine Person aus der Vergangenheit ins Gedächtnis ruft. Schreib
deine Erinnerungen auf.

171 Menschen helfen anderen gern, aber um
Hilfe zu bitten, ist eins der schwersten
Dinge. In welchen Lebensbereichen hättest du
gern Hilfe? Schreib eine Bitte um Hilfe auf. Vielleicht möchtest du deine Botschaft jemandem
übermitteln, der dir diese Hilfe geben könnte?

172 Wenn wir den Kontakt mit anderen verloren haben, heißt das nicht, dass wir nicht mehr an sie denken oder sie nicht mehr mögen. Ruf jemanden an, mit dem du schon seit Langem wieder Kontakt aufnehmen wolltest.

Schreib eine schöne Erinnerung auf, die ihr teilt.

173 Familienwappen waren seit dem Mittelalter üblich, um die eigene Stammesidentität auf Fahnen und Kleidung zu präsentieren. Heute werden sie kaum noch benutzt, aber hier kannst du dir dein eigenes Schild entwerfen, mit Symbolen, die deine Familie darstellen.

174 Beschreibe den Charakter deiner Mutter. Worin ähnelst du ihr?

175 Beschreibe den Charakter deines Vaters. Worin ähnelst du ihm?

176

Zeichne deine Großmutter oder deinen Großvater in ihrer oder seiner Lieblingskleidung.

177 „Metta" bedeutet „Güte, Freundlichkeit, Wohlwollen" und bezeichnet eine buddhistische Geisteshaltung. Metta-Meditation ist eine Meditation des Mitfühlens, bei der man sein Herz anderen öffnet, aber auch sich selbst. Schreibe in diese Herzen freundliche Gedanken über dich selbst.

Meditiere fünf Minuten lang über diese Gedanken.

178 Wie geht es dir? Verbinde dich mit deinen Gefühlen. Stell dir vor, du müsstest einen Wetterbericht über deinen Gefühlszustand verfassen. Was stünde darin?

Zeichne kleine Wettersymbole dazu.

179 Wenn du jemanden glücklich machst, wirst du selbst glücklicher; Psychologen nennen das Mitfreude. Erweise anderen kleine Freundlichkeiten und hake so viele Kästchen wie möglich ab. Nicht nur sie werden sich darüber freuen, auch dir könnte es ein Lächeln ins Gesicht zaubern.

- ☐ Lass jemanden in der Schlange vor.
- ☐ Hilf jemandem mit seinem Einkauf.
- ☐ Lächle einen Fremden an.
- ☐ Biete Hilfe an, wenn jemand sich nicht auskennt.
- ☐ Biete an, jemanden im Auto mitzunehmen.
- ☐ Heb auf, was ein Kind fallen gelassen hat.
- ☐ Mach jemandem ein aufrichtiges Kompliment.

180 Schreibe, zeichne und/oder illustriere den Namen von jemandem, den du liebst.

181 Fertige einen Comic von einem Treffen, das dich sehr zum Lachen gebracht hat. Zeichne Strichmännchen für dich und die Personen, mit denen du dich unterhalten hast. *Schreib in Sprechblasen auf, was ihr gesagt habt.*

182 Vor der Zeit der Fotografie haben die Menschen lieben Freunden oder Familienmitgliedern oft Medaillons mit ihrem eigenen Miniaturporträt geschenkt. Manchmal enthielt das Medaillon noch eine Haarlocke und war hübsch dekoriert, zum Beispiel mit einem Stiefmütterchen (Französisch: *pensée* oder *pense à moi* – denk an mich).

Male dein Miniaturporträt und Blumen oder Symbole in dieses Medaillon.

183 Die Gewissheit, Teil einer größeren Gemeinschaft zu sein, kann einem sehr viel bedeuten. Erstelle eine Mindmap mit den Menschen in deinem Leben. Fang bei dir in der Mitte an und füge von dort aus Familienmitglieder und Freunde hinzu. Verwende Farben, Pfeile, Wörter und kleine Zeichnungen, um deutlich zu machen, wie nah ihr euch seid, wer mit wem verbunden ist und welche Aktivitäten du mit wem unternimmst.

Ich

SINNE

SCHALTE DEINEN AUTOPILOTEN AB UND

LEBE IM HIER UND JETZT.

Deine Sinne sind eine große Hilfe, um achtsam zu sein. Was du siehst, hörst, fühlst, schmeckst und riechst, kannst du nur im Jetzt erfahren; deine Sinne können nicht wahrnehmen, was in der Vergangenheit passierte oder in der Zukunft passieren wird. Nimm zum Beispiel Geräusche: Was du hörst, ist JETZT. Die tickende Uhr, der blasende Wind, ein vorbeifahrendes Auto. Geräusche ändern sich ständig und alles hat sein eigenes Geräusch, sogar die Stille. Aber wie oft merken wir wirklich, was uns unsere Sinne vermitteln?

Früher lief ich auf Autopilot durchs Leben, war ständig in Gedanken, machte mir Sorgen, plante verbissen oder starrte auf Bildschirme. Ja, ich benutzte meine Augen, aber sah ich wirklich etwas?

Dann wies mich eines Tages ein Achtsam-
keitslehrer darauf hin, dass wir am besten
durch unsere Sinne zurück ins Hier und Jetzt
kommen. Wenn wir mehr auf sie achten, anstatt sie als selbstverständlich hinzunehmen,
erfahren wir das Leben viel intensiver.
Er sagte: „Wenn du achtsam genug bist,
um all die Geräusche, Farben, Gerüche und
anderen Eindrücke wahrzunehmen, die uns
die ganze Zeit umgeben, wird das Leben
sofort interessanter."

Wenn ich jetzt in meinen Gedanken verloren
bin und mich ohne Verbindung zum Hier
und Jetzt fühle, konzentriere ich mich auf
meine Sinne. Wie fühlt sich der Wind auf
meinem Gesicht an? Manchmal kann ich
sogar die Vibration von Geräuschen spüren.
Ich sehe, wie die Farben ständig wechseln,
weil die Stellung der Sonne sich verändert;
das ist wunderschön! In diesen achtsamen
Momenten sehe ich meine Umgebung so,
wie sie wirklich ist. Es ist, als wenn ich mich
öffnen und sich mein Kopf klären würde.
Auch wenn es nur für diesen Moment
ist, fühle ich mich mit der Gegenwart
verbunden und habe mehr Klarheit für den
kommenden Moment – wenigstens bis
mein Telefon klingelt.

184 Geh hinaus und konzentriere dich auf den Gesang der Vögel. Versuche, das Singen eines Vogels in einer Zeichnung wiederzugeben, mit auf- und absteigenden Linien und langen und kurzen Zwischenräumen. Lass das Geräusch deine Hand führen.

185 Schreibe alle Geräusche auf, die du gerade hörst.

Hör nicht auf, bevor du mindestens fünf hast.

186 Beim Essen kann man sehr gut Achtsamkeit üben. Wir hören mit allem anderen auf, um unseren Hunger zu stillen und gleichzeitig können wir uns mit unseren Sinnen verbinden. Nimm dir Zeit, um wahrzunehmen, wie anders jeder Bissen schmeckt. Schließ die Augen beim Kauen, um dich auf den Geschmack zu konzentrieren.

187 Jeder Sinn hat einen bestimmten Zweck und eine eigene Methode, um unserem Hirn seine Botschaft zu vermitteln. Der Tastsinn gibt uns andere Informationen als der Sehsinn. Erforsche das, indem du einen dir unbekannten Gegenstand in die Hand nimmst und versuchst, ihn zu zeichnen, ohne ihn anzuschauen. Stütze dich nur auf deinen Tastsinn.

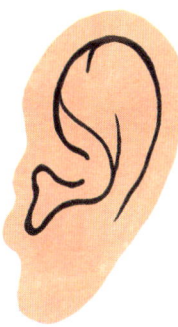

188 Stell dir vor, die Töne, die du hörst, würden von Farben und nicht von Vibrationen erzeugt. Male die Farben, die gerade in dein Ohr gelangen.

189 Die Forschung zeigt, dass Gerüche zu dem Wohlbefinden beitragen, das wir in freier Natur empfinden. Geh hinaus und untersuche den Duft von Bäumen. Riechst du den Unterschied zwischen einem jungen und einem alten Baum?

Notiere, was du bemerkt hast.

190 Um unseren Weg von A nach B zu finden, orientieren wir uns mit den Augen an Landkarten. Wir können aber auch andere Sinne dafür einsetzen. Zeichne eine Mini-Karte von deiner Umgebung mit Beschreibung der Gerüche und Geräusche, die dir dort begegnen.

191 Wann ist ein Baum einfach nur grün oder braun? Ist er das jemals? Bei Sonnenuntergang kann der Stamm dunkelviolett erscheinen und die Blätter golden; im Mondlicht changieren die Blätter ins Blaue. Nimm deine Farbstifte, suche dir einen Baum und schau ihn ganz genau an. Versuche, ihn ohne jede vorgefasste Meinung zu betrachten, und male ihn in den Farben, die du nun sehen kannst.

192 Unsere Haut berührt ständig irgendetwas: die Luft, unsere Kleidung, den Stuhl. Die meiste Zeit bemerken wir es gar nicht. Achte einmal darauf, was du gerade fühlst. Was passiert mit deiner Haut?

Beschreib die Texturen, Temperaturen und Gefühle.

193 Geh spazieren und konzentriere dich nur auf das Gefühl in deinen Füßen. Achte darauf, wie sie den Boden berühren und sich wieder lösen.

Zeichne die Bewegung deiner Füße.

194 Sieh dich um und achte auf die Schatten, die die Gegenstände werfen.

Zeichne hier einen Gegenstand und seinen Schatten.

195 Atme tief ein. Was kannst du riechen? Versuche, dich mit jedem Atemzug auf einen anderen Geruch zu konzentrieren.

Zeichne die Quellen der Gerüche auf diese Seite.

196 Denk an eine Aktivität, in der du dich völlig im Moment befunden hast; zum Beispiel beim Schwimmen, Radfahren oder in der Badewanne. Beschreibe, was du über deine Sinne empfunden hast.

....
....
....
....
....
....
....
....

197 Welches sind deine drei liebsten Gerüche? *Male sie hier auf.*

198 Wenn du genau hinschaust, hat alles eine eigene Farbe. Zähle die verschiedenen Farbtöne, die du gerade vor dir siehst.

199

Stell dir vor, du wärst farbenblind. Welche Farbe würdest du am meisten vermissen? Schreib sie auf und sei so exakt wie möglich. Welchen Farbton hat sie? Wo siehst du sie normalerweise? Wie wäre das Leben ohne sie?

....

....

....

....

....

....

....

....

....

200 Gegenstände können ihr vertrautes Äußeres verlieren und neue Formen annehmen, wenn wir sie mit anderen Sinnen als dem Sehvermögen erforschen. Hol dir ein Blatt, schließ die Augen und erkunde es mit deinen Fingerspitzen. Schreib drei Dinge auf, die du fühlst.

Eins	Zwei	Drei

201 Die feinen, elliptisch angeordneten Linien auf unseren Fingerspitzen sind bei jedem Menschen anders, weshalb sie auch zur Identifizierung eingesetzt werden. Eine Studie hat gezeigt, dass diese Linien die Funktion haben, unser Tastvermögen zu steigern. Hinterlasse hier einen Fingerabdruck.

202 Dusch dich im Dunkeln! Schreib auf, wie es war. Stell vorher sicher, dass sich alles dort befindet, wo es sonst auch ist, damit du dich sicher fühlst.

203 Wenn wir ein Geräusch hören, geben wir ihm meist einen Namen: ein vorbeifahrendes Auto, laufendes Wasser, ein Kinderlachen. Versuche, das Geräusch stattdessen zu beschreiben – konzentriere dich dabei nur auf die Erfahrung des Hörens.

204 Nimm ein Brot mit all deinen Sinnen wahr. Wie es riecht und schmeckt, ist dir sicher vertraut, aber betrachte die Form, die es beim Backen angenommen hat. Klopf auf das Brot, um zu hören, wie es klingt, und fühle die Textur seiner Kruste und seines Inneren.

205 Zweifellos haben Hunde einen besseren Geruchssinn als Menschen. Aber auch Menschen haben einen sehr gut entwickelten Geruchssinn, nur achten wir normalerweise nicht so sehr auf Gerüche. Versuche, die Welt um dich herum durch die Nase eines Hundes wahrzunehmen; zeichne deine Straße und male mit verschiedenen Farben die unterschiedlich riechenden Spuren und Stellen ein. Welche dieser Gerüche beachten wir normalerweise nicht?

206 Zeichne deine eigene Nase, die einer Freundin und die eines Familienmitglieds.

Freundin

Familienmitglied

Du

207 Laufe barfuß und spüre die Beschaffenheit von Erde, Steinen und Gras unter den Füßen. *Wie hat es sich angefühlt?*

208 Was hast du heute Morgen als Erstes gehört? *Mach eine schnelle Zeichnung.*

SINNE

209 Zeichne intuitiv die Geräusche, die du mit diesen Worten assoziierst.

Morgen

Freunde

Glück

Urlaub

Liebe

210 Sprüh dein Lieblingsparfüm auf diese Seite und beschreibe den Duft.

211 Wir nehmen nicht alles um uns herum gleichzeitig wahr; unser Gehirn ergänzt automatisch eine Menge. Das hilft uns – wir würden sonst verrückt werden –, aber es ist auch der Grund, warum wir vieles gar nicht bemerken. Betrachte deine Umgebung ganz achtsam.

Schreibe hier mindestens drei Dinge auf, die du vorher nicht bemerkt hast.

Eins   *Zwei*   *Drei*

212 Die Tatsache, dass ein Geruch eine Erinnerung auslösen kann, wird in der Forschung auch als „ol- faktorisches Gedächtnis" bezeichnet: das Hervorrufen einer Erinnerung durch einen bestimmten Duft.

Vergegenwärtige dir drei wichtige Gerüche aus deiner Kindheit und lass dich von ihnen zurücktragen. Schreib nieder, woran du dich erinnerst.

213 Mach deinen Fingerspitzen eine Freude: Sammle Papier- und Stofffetzen aus unterschiedlichen Materialien und klebe sie auf diese Seiten.

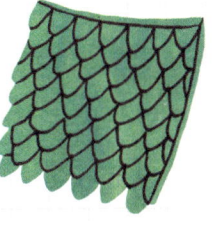

SCHREIBEN

WAS BRINGT ES UNS?

Vielleicht wird das am besten durch die Worte berühmter Schriftsteller erklärt: Laut der Schriftstellerin **Anaïs Nin** (1903–1977) schreiben wir, um unser Leben zweimal zu „kosten", einmal im Jetzt und einmal im Rückblick. Wir schreiben, um uns an besondere Momente in unserem Leben zu erinnern und sie festzuhalten. Aber wir schreiben auch, um unsere Gedanken zu klären und Platz für neue Gedanken zu machen. Für manche ist Schreiben auch Therapie. Ein großes Beispiel ist **Anne Frank** (1929–1945), die in ihrem weltberühmten Tagebuch notierte, dass sie beim Schreiben all ihre Sorgen vergesse und wieder Mut schöpfe. Andere schreiben, weil sie einfach müssen.

„Es gibt keine größere Qual,
als eine nicht erzählte Geschichte in
sich zu tragen",

sagte die amerikanische Schriftstellerin und
Dichterin **Maya Angelou** (1928–2014).

Beim Schreiben entsteht eine Verbindung zu
unseren tiefsten Gedanken. Wenn ich schreibe, ist es manchmal, als würde mein Stift die
Regie übernehmen, und das ist ein wunder-
bares Gefühl. Gedanken strömen auf das
Papier, aber auch Fantasien und Erzählide-
en, die tief in mir schlummern. Wir docken
an unsere geheimen Wünsche und Träume
an. Auch das Zeichnen von Buchstaben und
Wörtern ist eine heitere und entspannende
Art, etwas Schönes zu schaffen.

Dieses Kapitel ist eine Mischung aus
Schreibvorschlägen und Anregungen zum
Gestalten von Wörtern und Buchstaben.
Such dir eine schöne Ecke, lass dich mit
deinem Lieblingsstift nieder und widme dem
Schreiben etwas Zeit. Enden möchte ich mit
den Worten der berühmten amerikanischen
Schriftstellerin **Sylvia Plath** (1932–1963):
„Man kann über alles im Leben schreiben,
wenn man den Mut dazu hat und die Fan-
tasie zum Improvisieren. Der schlimmste
Feind der Kreativität ist Selbstzweifel."

214 „Erzähl mir nicht, dass der Mond scheint; zeig mir das Funkeln des Lichts auf zerbrochenem Glas", sagte der russische Dramatiker Anton Tschechow (1860–1904). Vereinfacht: Sag mir nichts, zeig es mir. Beschreibe dein früheres Kinderzimmer so detailliert wie möglich: Gerüche, Farben, Geräusche, Poster.

215 Schreib ein Gedicht ohne Reime über deinen Tag. Spiel stattdessen mit Alliterationen und Rhythmus.

216 Wörter haben die Macht, Menschen ein gutes Gefühl zu geben, ohne dass diese wissen, warum. Welche Wörter assoziierst du mit Glück? Notiere so viele, wie dir einfallen, in den Kreis um das Wort „Glück" herum. Schreib dann Wörter, die du mit denjenigen im Kreis assoziierst, in die Fläche außerhalb des Kreises.

217 Die Forschung hat gezeigt, dass es gut für das Wohlbefinden ist, wenn man aufschreibt, wofür man dankbar ist – aber auch, worüber man sich sorgt. Schreiben tut grundsätzlich gut, auch wenn man über verletzende Situationen schreibt. Schreibe über einen schmerzhaften Moment in deinem Leben.

218 Beschreibe ein Ereignis, das du in der Zukunft feiern willst.

219 Wenn du einen Tag verbringen könntest, wie du möchtest, mit wem würdest du ihn verbringen und was würdet ihr tun? Schreib über diesen Tag.

220 Geh auf einem Flohmarkt oder in einem Secondhandshop trödeln und such dir einen Gegenstand aus, der dich anspricht – einen alten Teddybären, ein Kleidungsstück, ein Buch, einen Topf. Fantasiere über den vorherigen Besitzer.

Wer war sie oder er?

Was war ihre oder seine Geschichte?

221 Laut der amerikanischen Psychologin Barbara Fredrickson öffnen dich positive Emotionen wie Blüten, die sich Richtung Sonne öffnen. Daher hilft es, an die guten Dinge in deinem Leben zu denken, wenn du dich einer kreativen Aufgabe widmen willst. Schreib alles auf, was im Moment in deinem Leben positiv ist.

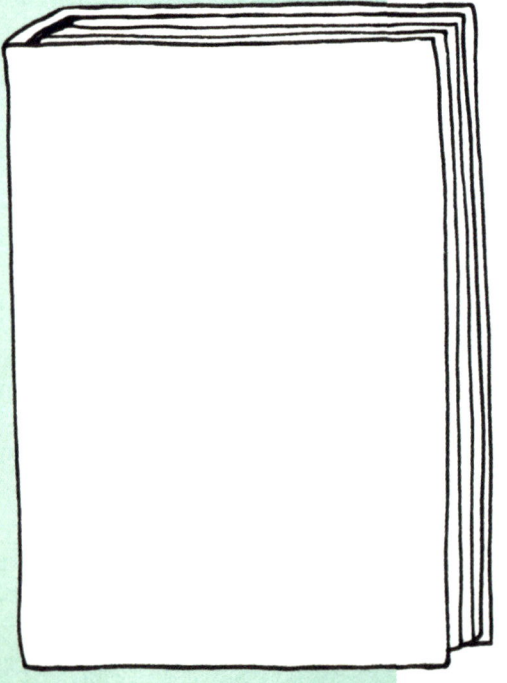

222 Entwirf die Titelseite eines Buches, das du vielleicht eines Tages schreiben wirst.

223 Von Schriftstellern zu lernen, ist eine großartige Art, sich zu motivieren.

Welche Schriftsteller inspirieren dich? Erstelle eine Liste.

....
....
....
....
....
....
....
....
....
....
....

224 Nimm dir ein paar deiner Lieblingsbücher vor. Blättere sie durch und achte auf den Stil. Ist das Buch in der Vergangenheit geschrieben? Ist es in der ersten Person erzählt? Gibt es mehr als einen Handlungsstrang? Notiere hier, was du herausgefunden hast und was dir an den verschiedenen Stilen gefällt.

225 Schreibe deinem jüngeren Ich einen Brief.

226 Welches ist der beste Rat, den du je bekommen hast? Von wem?

227 Leg deine Lieblingsmusik auf, die dir Energie gibt, und schalte das Telefon aus. Bewege deine Hand zur Musik und schreib alles auf, was dir in den Sinn kommt.

Hör nicht auf, bevor die Seite voll ist.

228 Seit die Menschen Geschichten erzählen, ist der Mond eine romantische Inspiration.

Zeichne den Mond von heute Nacht und schreib ein kleines Gedicht oder eine Geschichte als Ode an ihn.

229 In fast jeder Familie gibt es eine Geschichte, die für ein Buch taugt: Abenteuer von Großeltern, die etwas Neues gewagt haben, ein Onkel, der einen ganz eigenen Weg ging, die Liebesgeschichte deiner Eltern. Welche Geschichte gibt es in deiner Familie?

Schreib auf, was du weißt, oder befrage ein Familienmitglied.

230
LIEBESBRIEF

Wir sind umgeben von schön präsentierten Wörtern und Buchstaben – in Designbüchern, auf Ladenfenstern, in der Werbung. Fotografiere sie und versuche, sie nachzuahmen.

Tobe dich auf dieser Seite aus und zeichne die interessantesten Schriftarten, die du gefunden hast.

231 Studien zeigen, dass man sich an handgeschriebene Notizen besser erinnert als an auf dem Computer getippte. Man nimmt Handgeschriebenes anders und besser auf. Schau dir einen Dokumentarfilm an, den du schon lange sehen wolltest, und liste hier Notizen und Zitate auf, die du interessant findest.

232 Illustriere den ersten Buchstaben deines Namens in der schönsten, farbenfreudigsten Art, so wie man es in alten Märchenbüchern findet.

233 Schreib eine Geschichte über deinen Tag und spiele mit Buchstabengrößen, Schreibstil, Fett-, Kursivschrift und so weiter.

Achte darauf, welchen Einfluss diese Art zu schreiben auf deine Geschichte und dein kreatives Denken hat.

234

Schneide ein paar Papiere zurecht, die du dann in der Mitte faltest und zu einem kleinen Büchlein zusammenklammerst. Erfinde ein Deckblatt und eine kurze Geschichte mit Zeichnungen.

235 Schrei-
be über
deinen ersten
Schultag.

236 Unsere
Lebenserfah-
rungen sind eine
gute Quelle für das
Schreiben. Erwe-
cke auf dieser Seite
Momente aus deiner
Vergangenheit zum
Leben. Schreib über
den peinlichsten Mo-
ment, an den du dich
erinnerst.

*Dann schreibe über
einen Moment, auf den
du stolz bist.*

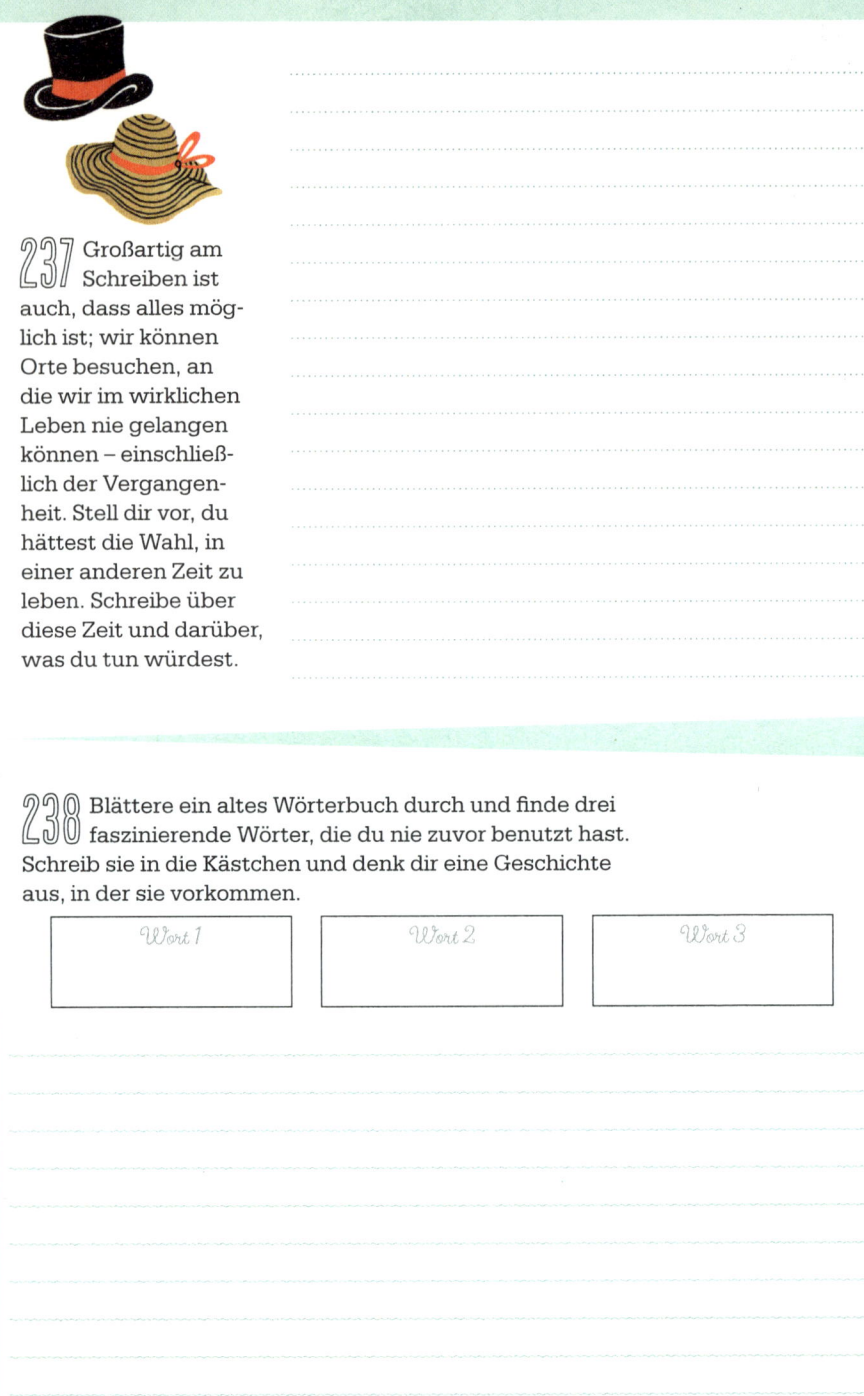

237 Großartig am Schreiben ist auch, dass alles möglich ist; wir können Orte besuchen, an die wir im wirklichen Leben nie gelangen können – einschließlich der Vergangenheit. Stell dir vor, du hättest die Wahl, in einer anderen Zeit zu leben. Schreibe über diese Zeit und darüber, was du tun würdest.

238 Blättere ein altes Wörterbuch durch und finde drei faszinierende Wörter, die du nie zuvor benutzt hast. Schreib sie in die Kästchen und denk dir eine Geschichte aus, in der sie vorkommen.

Wort 1	Wort 2	Wort 3

239 Schreib über deinen Tag, als wärst du ein Schmetterling.

240 Ein Haiku – ein japanisches Gedicht – zu schreiben, ist eine sehr meditative und beglückende Art, mit Wörtern zu spielen. Da Haikus immer die gleiche Form haben, brauchst du dir nicht selbst eine auszudenken. Ein Haiku hat immer drei Zeilen, die erste hat fünf Silben, die zweite sieben und die letzte wieder fünf.

Schreib ein Haiku über deine liebste Jahreszeit.

241 Durch Schreiben kann man sich selbst kennenlernen und über sein Leben nachdenken. Beginne zu schreiben, sofort nachdem du die Fragen gelesen hast. Denk nicht über die Antworten nach. Lass deinen Stift für dich antworten.

★ *Wenn du etwas daran ändern könntest, wie du aufgezogen wurdest, was wäre das?*

★ *Was würdest du anders machen, wenn du deine Teenagerjahre noch einmal leben könntest?*

★ *Wann bist du am glücklichsten?*

242 Erstelle eine kleine Zeitleiste deines Lebens bis heute. Welches waren die wichtigsten Ereignisse?

243 Wo fühlst du dich am stärksten zum Schreiben inspiriert? In einem ruhigen Zimmer? Zu Hause auf dem Fensterbrett? In einem vollen Café mit vertrauten Hintergrundgeräuschen? Beschreibe oder zeichne deinen Lieblingsort.

Stell dar, was dir dort besonders gefällt.

244 Schreib dein Lieblingszitat oder dein Lebens-
motto auf. Fülle damit beide Seiten in unterschiedlichen Schriftstilen.

KREATIVITÄT

LASS DEINER KREATIVITÄT

FREIEN LAUF UND

LEBE DAS POSITIVE IN DIR!

Kreatives Tun langweilt mich nie, obwohl ich selten etwas beende und zwei meiner Schränke schon mit Werkzeug und Materialien vollgestopft sind. Immer wenn ich mir die Zeit nehme, etwas zu gestalten, fühle ich mich etwas leichter. Es spielt keine Rolle, ob es etwas Kleines und Unbedeutendes ist oder ob das Ergebnis echt hässlich aussieht; die Aktivität selbst macht etwas mit mir.

Daher überraschte es mich nicht, als ich von einer Studie der Universität Otago in Neuseeland las, die ergab, dass eine kreative Tätigkeit nicht nur positive Auswirkungen auf denselben Tag hat, sondern diese auch noch in den nächsten Tagen anhalten. Etwas Kreatives zu tun, lässt Menschen *„auf-blühen"* (das Wort wurde benutzt). Alltäg-

liche Kreativität, schlossen die Forscher,
kultiviere positives psychisches Funktionieren. Nun, jedenfalls hilft sie meinem positiven psychischen Funktionieren.
Sobald wir uns die Zeit nehmen, etwas zu
erschaffen, ist es, als würden wir an einen
glücklichen Ort gehen. Kreativ zu sein,
macht uns glücklich und gibt uns Energie,
und diese positive Wirkung kann jeder erfahren. Einige mögen begabter als andere sein,
aber Kreativität ist eine universelle menschliche Eigenschaft und etwas, das wir durch
Übung verbessern können. Unser Hirn
ist so angelegt, dass es Verbindungen
herstellt, neue Sachen und kreative Problem-
lösungen erfindet, denn unsere Vorfahren
brauchten diese Fähigkeit zum Überleben.
Kein Wunder, dass wir uns dabei gut fühlen;
kreativ zu sein, liegt in unserer Natur.

Lass also jeden Selbstzweifel beiseite,
den brauchst du nicht. Lass auch
den Ehrgeiz weg, er blockiert dich nur.
Such dir etwas, das du gerne machst,
probiere verschiedene Sachen aus. Stöbere in einem Bastelladen oder schau dich
anderswo nach geeigneten Materialien um;
aus allem kann man etwas machen. Und vor
allem – hab Spaß dabei!

245 Ein Lesezeichen lässt sich ganz einfach selbst herstellen. Mach dir eins aus einem Stück Pappe und benutz es für dieses Buch! Du kannst es bemalen, mit Papier- oder Stofffetzen bekleben, Formen herausschneiden und in ein Ende ein Loch stanzen für ein Bändchen oder eine kleine Troddel.

246 Gib dieser Tasche ein dekoratives Design.

247 Lege flache, aber nicht glatte Gegenstände unter diese Seite und fahre mit einem farbigen Stift darüber, sodass sich Muster oder Bilder abzeichnen. Nimm zum Beispiel Knöpfe, Karton mit Prägung, Orangenschale, Plastikverpackung – alles, was sich interessant anfühlt.

248 Kreative Tätigkeit kann einen völlig vereinnahmen, sodass die Zeit nur so verfliegt. Kannst du dich an einen Moment erinnern, als du beim Gestalten von etwas völlig die Zeit vergessen hast?

Beschreibe diesen Moment.

249 Zeichne den Umriss deiner Hand und male den Fingern Gesichter und Accessoires.
Sind sie Freunde? Familienmitglieder? Eine Sportmannschaft?

250 Schreib eine Wunschliste mit Gestaltungsmaterial, das du gern hättest und ausprobieren würdest.

251 Nimm Wasserfarbe und tupfe zufällige Kleckse auf diese Seite. Danach verwandelst du sie mit einem Fineliner in etwas anderes, zum Beispiel ein Tier oder einen Gegenstand.

252 Denk groß! Nimm den größten Pinsel, den du im Haus hast, und male ein Selbstporträt. So verhinderst du, mit den Feinheiten pingelig zu sein.

253 Aus etwas Altem etwas Neues zu machen, ergibt immer etwas Spannendes. Schneide einen Teil eines alten Bildes aus, kleb es hier auf und male etwas Neues drum herum.

254 Erfinde ein Logo für dich selbst, als wärst du eine Firma oder ein Produkt. Schau dir zur Inspiration die Logos um dich herum an – auf Lebensmittelverpackungen, Zeitschriften, Briefen oder Läden. Überlege genau, welche Schriftarten und Farben du nimmst.

255 Als Picasso unter Depressionen litt (1901–1904), malte er nur in Blau- oder Blaugrüntönen. Danach, als es ihm besser ging und er sich verliebte, wurde die Blaue Periode von der Rosa Periode abgelöst. Welche Farbe gibt die Stimmung wieder, in der du dich gerade befindest?

Male hier etwas in verschiedenen Schattierungen dieser Farbe.

256 Gestaltungsmaterial kann man überall finden, selbst bei alltäglichen Dingen, die die Leute wegwerfen. Ein gutes Beispiel sind Flaschendeckel, die überall herumliegen. Sammle so viele, wie du kannst, ordne sie nach Farben und mach ein Foto oder male sie.

257 Fülle diese
Seite mit far-
benfrohen Ballons,
die du aus verschie-
denen Papierarten
ausschneidest.

Entwirf für diese Kinderkleidung Muster.

259 Kreiere ein Muster mit farbigen Klebebändern.

260 Schau dir die Formen genau an, die du jeden Tag siehst. Zeichne um kleine alltägliche Dinge herum und gestalte damit etwas.

261 Mische verschie-
dene Farben zu
einer neuen. Erfinde
Namen für die neu ge-
schaffenen Farben.

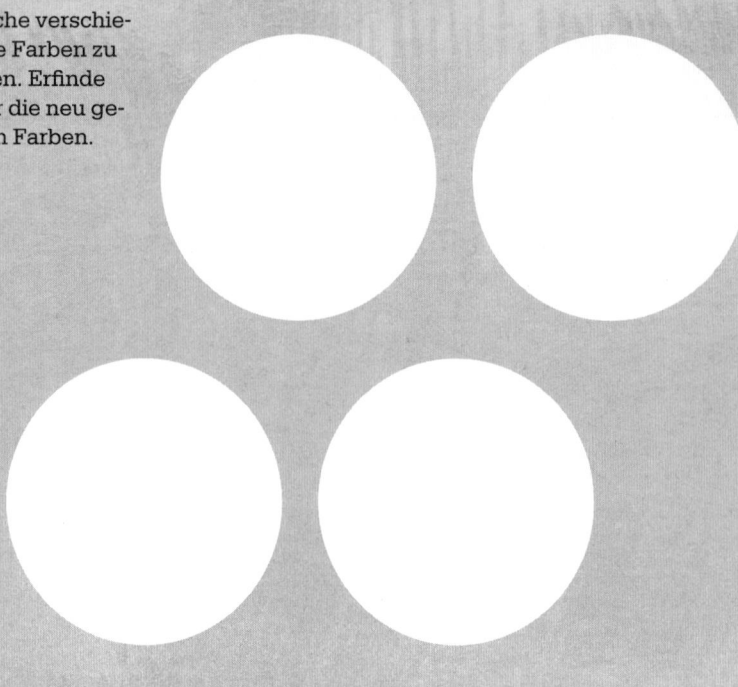

262 Mische
Farbtöne,
die zu diesen Vor-
stellungen passen:

Frühlingsliebe

Sommerwind

Auf in die Wildnis

Großmutters Haus

263 Kartoffelstempeln! Halbiere eine Kartoffel. Schneide aus jeder Hälfte eine einfache Form und benutze sie als Stempel (*schneide weg, was nicht gesehen werden soll*). Gestalte auf dieser Seite ein Muster mit den beiden Formen und verschiedenen Farben.

264 Entwirf eine Sammlung aus vier Briefmarken mit dem Thema Wasser.

265 Jetzt wird's klein! Erbaue eine Mini-Stadt, indem du winzige Gebäude, Bäume und Autos ausschneidest und hier aufklebst. Je kleiner, desto besser.

Benutze eine Pinzette zum Aufkleben der Bildchen.

266

Vielleicht weckt das Kindheitserinnerungen: Falte einen Papierbogen
mehrere Male, dann schneide kleine
Formen hinein. Wenn du das Papier
entfaltest, erhältst du ein Muster.
Experimentiere mit
verschiedenen Arten,
das Papier einzuschneiden.

267
Entwirf ein Tapetenmuster für ein
Zimmer in deiner Wohnung.

KREATIVITÄT

268 Sich selbst Beschränkungen aufzulegen, hat eine inspirierende Wirkung. Beschränkungen zwingen unser Gehirn, nach kreativen Lösungen zu suchen, und fordern erwiesenermaßen zu originellem Denken heraus.

Wenn du zum Beispiel in diesem Rahmen malst, wirst du wahrscheinlich etwas anderes malen, als wenn du die ganze Seite nutzen würdest.

269 Male ein Bild mit nur zwei Farbstiften, aber wechsle zwischen ihnen ab. Male mit jeder Farbe nur fünf Sekunden, dann nimm die andere und mach da weiter, wo du aufgehört hast, egal wo du gerade bist.

270 Du musst nicht jedes Bild neu malen. Verwende einen Leuchtkasten, um Fotos oder frühere Bilder von Landschaften oder Gebäuden zu übertragen. Bastle deinen eigenen Leuchtkasten: Befestige das zu übertragende Bild mit Klebeband am Fenster, klebe weißes Papier darüber und pause die wichtigsten Linien ab, die durch das Papier scheinen. Übertrage das Bild auf diese Seite und verwende es als Basis für eine neue Zeichnung.

271 Male eine Pflanze in mehreren Schichten, um dem Bild mehr Tiefe zu verleihen. Beginne mit einem ungenauen, transparenten Klecks als Hintergrund und verwende mehr und mehr Farbe und Details, während du dich zu den vorderen Blättern vorarbeitest.

Mische verschiedene Materialien, zum Beispiel Farbstifte, Wasserfarbe und Acryl.

272 Lass dich von großen Künstlern der Vergangenheit anregen. Welche Künstler findest du inspirierend?

Blättere Kunstbücher durch und erstelle eine Liste deiner fünf liebsten Künstler.

1

2

3

4

5

273 Bei abstrakter Kunst geht es darum, Bilder auf einfache Linien, Formen und Farben zu reduzieren. Male ein abstraktes Bild von einer Szene, wie sie ein Vogel von oben sehen könnte, zum Beispiel eine Landschaft oder die Terrasse eines Restaurants.

Lass alle realistischen Details weg und verwende leuchtende Farben und einfache Formen.

274 Verabrede ein Kunst-Date mit einer Freundin oder dir selbst und geh in ein Museum, eine Galerie oder eine Ausstellung.

KREATIVITÄT

275 Verwende einen Ausschnitt aus einer Zeitung als Hintergrund für ein Bild. *Lass dich vom Inhalt des Artikels inspirieren.*

ERFORSCHEN

Als ich elf war, entdeckte ich eines Tages auf meinem Schulweg einen wunderschönen Gemeinschaftsgarten, den ich noch nie gesehen hatte. An dem Tag war ich einen Umweg gegangen, um ein paar nervigen Jungen auszuweichen. Nie werde ich das Gefühl vergessen, als ich diesen fantastischen Ort zum ersten Mal sah, voller Blumen und Bienen und Schmetterlinge und Pflanzen, die ich nie zuvor gesehen hatte. Von da an ging ich jeden Tag dorthin; der Garten wurde zu meinem heimlichen Schlupfwinkel.

Der Mensch ist ein Gewohnheitswesen. Wir mögen keine Veränderungen und bleiben lieber in unserer Wohlfühlzone. So gehen wir schon bald immer dieselben Wege und besuchen dieselben Orte. Aber wunderbare

Dinge passieren, wenn wir unsere Komfort-
zone verlassen und Neues ausprobieren.
Deswegen sollten wir niemals mit dem
Erforschen aufhören. Das Leben ist einfach
zu kurz, um immer das Gleiche zu tun.

In diesem Kapitel geht es um das Erforschen
im weitesten Sinn. Du erforschst, was du
magst und was nicht, welche Orte du sehen
und was du tun möchtest. Du musst nicht
weit gehen; manche Entdeckungen befinden
sich schon hinter der nächsten Ecke.
Das Erkunden von etwas macht deine Welt
größer und aktiviert deine Kreativität.
Es weckt dich auf, wirft neues Licht auf alte
Gewohnheiten und vor allem schaffst du dir
dadurch neue Erinnerungen.

Sogar heute noch, nach 30 Jahren
und mit meinen eigenen vier Quadratmetern
in einem Gemeinschaftsgarten, erinnere ich
mich an jenen verzauberten Moment, als
wäre es gestern. Vielleicht begann dort in
dem Augenblick meine Liebe zu Gärten und
Blumen. Das werden wir nie wissen.
Aber ich stimme von ganzem Herzen mit
dem Butler Carson aus „Downton Abbey"
überein, der sagte:

*„Das Geschäft des Lebens ist der
Erwerb von Erinnerungen. Das ist
am Ende alles, was bleibt."*

276 Schreibe eine Liste mit fünf Ländern und/oder Städten, die du gern erforschen würdest. Lass Nummer sechs aus (siehe nächste Anleitung).

1 ....

2 ....

3 ....

4 ....

5 ....

6 ....

277 Lass den Zufall Nummer sechs entscheiden. Wenn du einen Globus hast, dreh ihn und tippe mit geschlossenen Augen auf dein Ziel Nummer sechs.

278 Um wirklich zufällige Eindrücke von Städten und Ländern zu erhalten, solle der Reisende und Wanderer weder seiner eigenen Wahl des Weges noch der Wahl des Reiseführers oder dem Stadtplan vertrauen, empfahl Stephen Graham in seinem auch heutigen Erforschern noch bekannten Buch „The Gentle Art of Tramping" (1927). Stattdessen könnte man die Gegend im „Zickzack" erkunden: die erste Abzweigung nach links nehmen, dann die erste nach rechts, dann wieder die erste nach links und so weiter.

Probiere heute den „Zickzackkurs" aus und notiere deine Erfahrungen.

NOTIZEN

....
....
....
....
....
....
....

279 Suche im Supermarkt nach etwas Exotischem, das du noch nie gegessen hast. In einem fremden Land macht das noch mehr Spaß. Kauf es und probiere es zu Hause.

Zeichne es hier auf.

Was ist es?

....

Wie schmeckt es?

....

Woher kommt es?

....

280 Wenn man ein Wohnmobil fährt, ist man von Anfang an im Urlaub. Wenn du keins hast, probiere das Nächstbeste: Zeichne eines. Das ist wie ein kleiner Urlaub im Kopf.

Wohin würdest du zuerst fahren?

281 Auch in unserer Nähe gibt es viel zu entdecken. Geh bei deinem nächsten Einkauf nicht direkt von A nach B, sondern nimm einen Umweg durch eine Gegend, die du nicht gut kennst. Halt irgendwo an und sieh dich um. *Was siehst du?*

282

Was weißt du über die Gegend, in der du wohnst?
Beantworte folgende Fragen.

Wie heißt deine Straße und warum ist sie so benannt worden?

Wie heißt deine Stadt oder dein Dorf und woher kommt der Name?

Wie heißt dein Land in anderen Sprachen?

Was bedeutet der Name deines Landes?

283 Ein Fernglas ist toll! Nimm eins auf einen Spaziergang mit und klettere irgendwo hinauf, um eine gute Sicht zu haben.

Erkunde etwas in der Entfernung und zeichne es hier.

284 Erforsche die geheimen Schätze in deiner Wohnung. Durchsuch eine unordentliche vollgestopfte Schublade (hat jeder) nach etwas, das dich an etwas Schönes erinnert und zum Lächeln bringt: eine Postkarte, ein Eintrittsticket, ein kleines Souvenir.

Zeichne es hier auf und beschreibe deine Erinnerung.

285 Eine schöne Art, ohne Ziel zu wandern, ist das „Herz-Wandern", bei dem man sich von Zeichen leiten lässt. Immer wenn du eine Herzform *(oder eine andere interessante Form)* zum Beispiel in einem Baum oder einer Pfütze siehst, gehst du in diese Richtung.

286 Suche heute nach dem merkwürdigsten Gegenstand, den du finden kannst, und erforsche ihn.

287 Der Drehbuchautor Sidney Buchman (1902–1975) meinte, dass das Leben ziemlich langweilig wäre, wenn es kein Geheimnis mehr zu entdecken gäbe.

Notiere deine Gedanken zu einer Theorie oder Idee, die du rätselhaft findest.

288 Unser Gehirn hat keine Uhr; es misst die Zeit auf der Basis neuer Anreize und Erfahrungen. Wenn es viel zu verarbeiten gibt, erscheint einem die Zeit länger. Deswegen kann sich ein Drei-Tage-Trip anfühlen, als sei man eine Woche lang weg gewesen. Abenteuer verlängern also unser Leben.

Erstelle deine eigene Abenteuer-Wunschliste.

289 Mach deine Freunde zu deinen „Erforschungsberatern" und frag sie, was du unbedingt machen solltest. Das kann alles sein: einen Film ansehen, Sport oder ein Instrument lernen. *Plane, wie du ihre Vorschläge angehst.*

290 Das Wunderbarste passiert meist außerhalb deiner Wohlfühlzone. Dort findest du unerwartet Schönes, erfährst, dass du mehr kannst, als du denkst, triffst neue Leute, erschaffst wunderbare Sachen und erlebst tolle Geschichten. *Erinnere dich an einen Moment ganz außerhalb deiner Wohlfühlzone, in dem etwas Schönes passiert ist.*

291 Es ist die Angst vorm Scheitern, die uns davon abhält, Neues zu wagen. Der einzige Weg, diese Angst zu überwinden, ist, bewusst nach Erfahrungen zu suchen, in denen wir bestimmt scheitern werden. Klingt paradox. Vielleicht hilft es, wenn man erkennt, dass Scheitern für den kreativen Prozess extrem wertvoll ist. Der englische Dramatiker und Schriftsteller Samuel Beckett (1906–1989) glaubte sogar, dass Scheitern ein wesentlicher Teil künstlerischer Arbeit ist. „Immer versucht. Immer gescheitert. Egal. Versuch es wieder. Scheitere wieder. Scheitere besser." *Wann hattest oder hast du Angst vorm Scheitern?*

292

Meditiere an einem neuen Ort.

293 Verwende in einer Zeichnung die „falschen" Farben. Wenn du dich dabei irgendwie unwohl fühlst, bist du auf dem richtigen Weg.

294 Neue Sachen zu lernen ist wie das Erforschen neuer Welten. Alles, was du neu lernst, eröffnet dir neue Horizonte, zeigt dir neue Orte zum Erkunden. Notiere fünf Bereiche, über die du gern mehr wissen oder die du gern genauer untersuchen würdest.

1 ....

2 ....

3 ....

4 ....

5 ....

295 Lerne einen nützlichen Satz in einer fremden Sprache. Schreib ihn auf, richtig buchstabiert und in Lautschrift, zeichne etwas dazu, was dir hilft, ihn zu behalten.

Übe, bis du den Satz auswendig kennst.

296 Was tust du leidenschaftlich gern? Um deinem Hobby nachzugehen, musst du nicht deinen Job kündigen. Plane einfach Zeit dafür ein. Denke an Hobbys oder Projekte, die du erkunden möchtest, und zeichne sie hier auf oder schreibe über sie.

297 Denk eine Weile über diese Frage nach: Wie lebe ich mein Leben so erfüllt wie möglich?

ERFORSCHEN

298

Erforsche deine Träume.
Male ein farbenfrohes Bild von einer Fantasie.

299 Zeichne eine Wildnis, die du gern besuchen würdest.

300 Womit würdest du in einer idealen Welt am liebsten deine Zeit verbringen?

Zeichne oder beschreibe Tätigkeiten, denen du gern nachgehen würdest.

....

....

....

....

....

....

....

....

301 Erkunde neue Musik. Frag Freunde, stöbere im Internet, geh in einen CD-Laden. Versuche, drei neue Namen zur Liste deiner liebsten Gruppen oder Musiker hinzuzufügen.

302 Check heute vorm Schlafengehen mal nicht die sozialen Medien oder deine E-Mails, sondern geh eine Runde spazieren. Erkunde deine Gegend bei Nacht, spähe in erleuchtete Fenster, schau dir die Leute mit ihren Hunden an, lausche auf den abendlichen Gesang der Vögel.

Schreib oder zeichne etwas, das von deinem Abendspaziergang inspiriert ist.

303 Schreib mit hundert Wörtern eine Geschichte von deinem ersten Urlaub ohne deine Eltern.

Was hast du entdeckt?

304 Erstelle eine Collage deines Traum-
urlaubs. Drucke Bilder aus dem
Internet aus und klebe sie zusammen mit
Bildern aus Zeitschriften und deinen eigenen Urlaubsfotos auf.

ESSEN

ESSEN NÄHRT DEINEN KÖRPER

UND DEINEN GEIST.

„Was gibt's zum Mittag?"
Die tägliche „Was essen wir?"-Frage kann
manchmal ziemlich lästig sein, dieses ewige
Entscheiden und dann das Einkaufen …
Aber Essen ist viel mehr als das: Essen
bringt Menschen zusammen, es regt die
Sinne an und weckt Emotionen.
Und man kann sehr kreativ damit sein.

Gerade wenn einen Essen nur beschäftigt,
weil man jeden Tag essen muss, ist es
eine wunderbare Gelegenheit, um kreativ zu
werden und das Leben im Hier und
Jetzt zu üben. Achte darauf, woher dein
Essen kommt, sei mit ganzer Aufmerksamkeit beim Kochen, beim Tischdecken – so
kannst du aus dem Essen ein bewusstes,
kreatives Erlebnis machen. Es wäre schade,
das nicht zu nutzen, oder?

Um das Kochen zu genießen, sollte man sich dafür Zeit nehmen und jeden Schritt bewusst ausführen. Wie **Michael Pollan**, Autor von „Kochen" und „64 Grundregeln ESSEN" sagte:

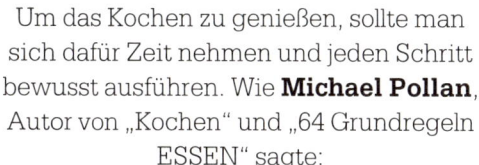

„Wenn du Zwiebeln schneidest, schneide einfach nur Zwiebeln."

Wenn du das Kochen nicht mehr als tägliche Last empfindest, sondern als Zeit, die du dir für dich selbst nimmst, wird es entspannend und macht Spaß. Es ist deine Zeit, und zusätzlich macht das Ergebnis noch andere glücklich.

Als Nebeneffekt beginnst du dich vielleicht sogar gesünder zu ernähren, isst mehr frische Produkte und nicht mehr so oft in Eile vorm Fernseher. Also vergiss Diäten, Kalorienzählen, neueste Ernährungshypes. Schau dir stattdessen die Farben des Essens an. Zeichne es, riech es, spiel damit, dekoriere es und – am wichtigsten – iss es!

305 Sich an seine Kindheit zu erinnern, ist eine gute Art, unsere Vorlieben wiederzuentdecken und das spielerische Selbst auszugraben, das unter Schichten des Erwachsenenlebens mit seinen Verantwortlichkeiten leicht verloren gehen kann. Was war als Kind dein Lieblingsessen?

Schreib eine Erinnerung daran auf, wie du dieses Gericht gegessen hast.

306 Such nach Stickern auf Obst und kleb hier einen auf. Oder klebe ein Muster aus vielen.

307 SUPPE IST TOLL!
Man kann alles hinein-
tun und muss nur rühren. Man
kann auch in letzter Minute
noch jemanden einladen, weil
man leicht mehr machen kann.
Sie ist tröstend, sie ist heiß, sie
ist einfach zu essen und voller
Nährstoffe. Beschreibe deine
Lieblingssuppe.

308 Bevor die Zutaten in unseren Topf
kommen, haben sie oft unglaubliche
Abenteuer hinter sich. Achte darauf, woher
deine Lebensmittel kommen.

*Wähle etwas aus, das du heute gegessen hast,
und versuche, diese Fragen zu beantworten:*

*Wo kamen sie her/
wuchsen sie?*

*Wer war vorher damit in
Kontakt?*

*Wie kamen sie in deine
Stadt?*

*Wie kamen sie in deine
Küche?*

309 Honigbienen sind ein Wunder. Um anderen Bienen mitzuteilen, wo sie gute Futterquellen finden, führen sie einen „Schwänzeltanz" auf, der den anderen die Entfernung und Richtung signalisiert. Die Bewegung verläuft in Form einer Acht.

Zeichne ein paar Bienen um diesen Bienenstock herum.

310 Was hast du heute gegessen?

Erstelle eine Liste.

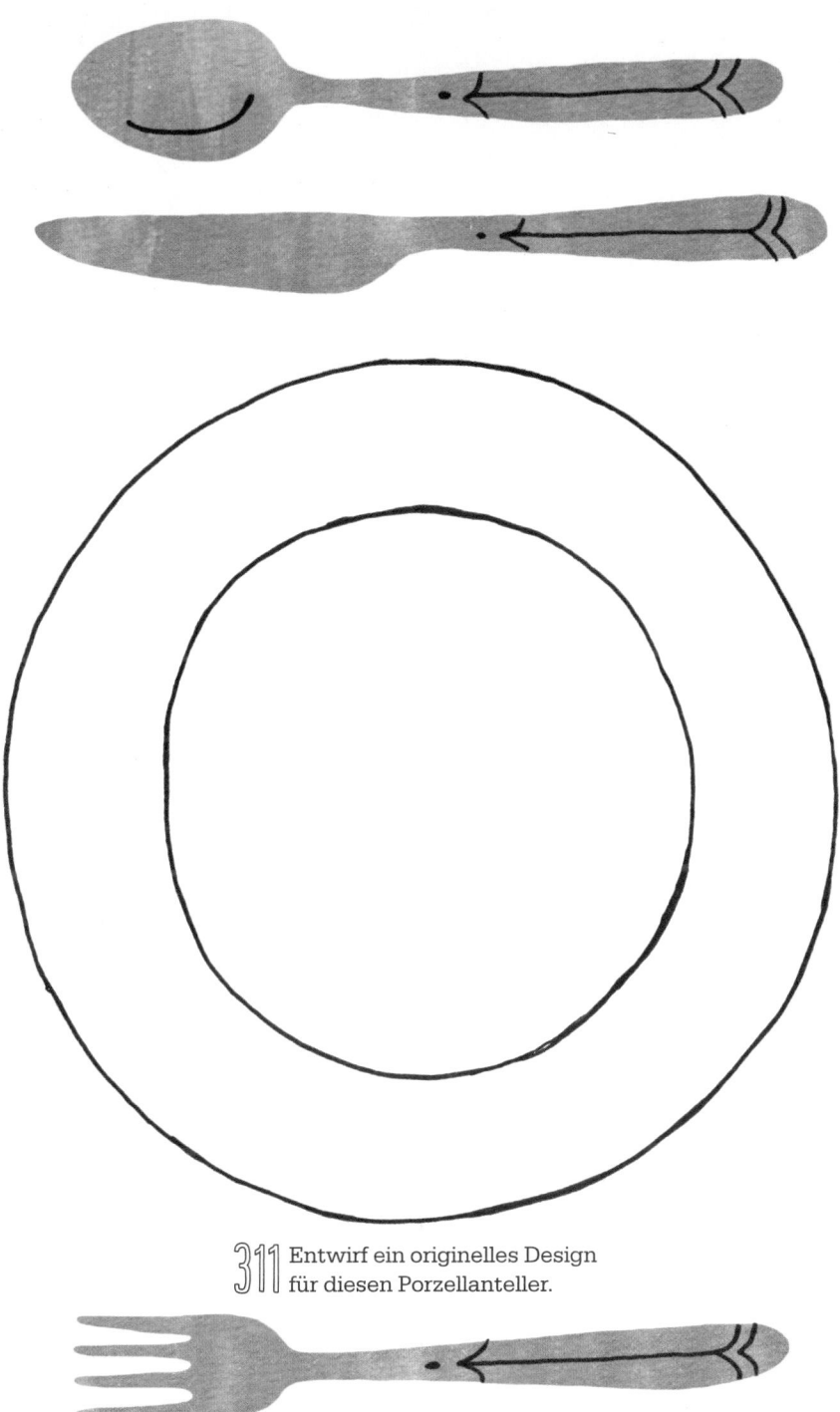

311 Entwirf ein originelles Design
für diesen Porzellanteller.

312 Als die Menschen anfingen, mit Feuer zu kochen, hatten sie damit auch einen Mittelpunkt, um den sie sich versammelten. Erinnere dich an einen Moment am Lagerfeuer, als du mit jemandem ein intensives Gespräch hattest.

Beschreib deine Erinnerung, worüber ihr gesprochen und was ihr gegessen habt.

313 Probiere etwas Neues. Wähle drei Lebensmittel aus, die du noch nie gegessen hast oder von denen du glaubst, dass du sie nicht magst. Schreib auf, wie sie schmecken.

Eins   Zwei   Drei

....

....

....

....

....

....

....

....

....

314 Besondere Leckereien können glückliche Kindheitserinnerungen wecken. Welche hat dich als Kind glücklich gemacht?

Zeichne und beschreibe sie, indem du in deine Erinnerung abtauchst.

315 Wir sind so sehr an das Kaufen von Lebensmitteln gewöhnt, dass wir manchmal vergessen, dass die Leute früher ihr Essen selbst sammelten. Das könnten wir noch immer; es gibt viele wilde Blumen und Pflanzen, die man essen kann, zum Beispiel junge Löwenzahnblätter, Blüten von Veilchen oder Kapuzinerkresse, die Blätter des Giersch. Suche in deiner Gegend nach essbaren Pflanzen und Blüten und mach einen Blütensalat. Überprüfe aber vorher online, ob das von dir Gefundene wirklich essbar ist.

Achte darauf, dass das von dir Gefundene nicht mit Chemie behandelt wurde und nicht neben einer großen Straße wuchs.

316

Überall gibt es Schönes, sogar bei Lebensmittelverpackungen.

Zeichne eine Auswahl an Flaschen, Dosen und Schachteln aus deinem Küchenschrank.

317 Zeichne die Person hinter der Theke deines Lieblingscafés, das du regelmäßig besuchst.

318 Eine häufige Übung in Achtsamkeitskursen ist das Essen einer Rosine. Es lenkt alle Aufmerksamkeit auf die Sinne und – noch wichtiger – auf den Moment. Nimm eine Rosine. Bevor du sie isst, drücke sie sanft neben deinem Ohr. Was hörst du? Rieche an der Rosine, schau sie genau an, spüre, wie sich in deinem Mund automatisch Speichel bildet. Und schließlich schmecke sie, bevor du sie schluckst.

Notiere, wie es dir ergangen ist.

319 Wenn du dich wegen etwas schlecht fühlst, kannst du mit einem warmen Getränk deine Stimmung sofort etwas verbessern. Studien haben gezeigt, dass das Trinken von etwas Warmem einen Menschen sogar freundlicher macht.

Setz den Wasserkessel auf und zeichne deine Tee- oder Kaffeetasse.

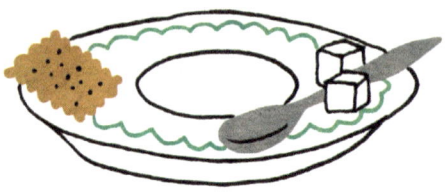

320 Was hat deine Großmutter oder dein Großvater früher für dich gekocht?

321 Klebe in jeden Kreis auf dieser Seite ein anderes Gewürz oder
Gewürzkraut. Schreib ihre Namen und deine Erinnerungen
daneben, die dir dazu in den Sinn kommen.

322 Fülle diesen Schrank mit
dekorativem Geschirr.

323 Ein frisch aufgebrühter Tee mit Blüten und Kräutern ist nicht nur ein Genuss für deinen Gaumen, sondern für alle Sinne. Schau, was in deinem eigenen Garten oder in der Umgebung wächst, zum Beispiel Rotklee, Minze, Veilchen, und füg vielleicht noch etwas unbehandelte Orangenschale hinzu. Experimentiere mit deiner eigenen aromatischen Teepause.

Notiere die für dich perfekte Kombination und die Orte, an denen du die Zutaten gefunden hast.

324 Nur allzu oft quetschen wir unsere Mittagspause in einen übervollen Terminkalender – und oft setzen wir uns nicht einmal mehr hin, sondern essen nur schnell unterwegs ein Sandwich, während wir hundert andere Dinge erledigen. Heute nicht! Beschreib dein Lieblingsmittagessen so lecker und verführerisch wie möglich. Dann tu dir selbst etwas Gutes und koch es dir.

325 Zeichne deine Lieblingszutat.

326 Ein schön dekorierter Tisch steigert das Erlebnis des Essens noch und es wird für alle – sogar Kinder – genussvoller und schmeckt besser.

Zeichne einen fantasievoll gedeckten Tisch, vielleicht thematisch dekoriert, und mach Notizen. Lass deiner Fantasie freien Lauf.

327 Tischdeko-Idee: Schneide vier Papierstreifen zurecht und bemale sie hübsch. Wickle sie um vier Besteck-Sets oder Stoffservietten, die du neben die Teller legst.

328 Manche Künstlerinnen und Künstler haben Lebensmittel als ihr Material gewählt. Mit einfachen Zutaten wie Gurken, Radieschen, Käse und so weiter gestalten sie wunderschöne „Bilder" auf Tellern. Als Regel gilt, dass alles nachher noch essbar sein muss. Schau dir zur Anregung im Internet Food-Art-Fotos an.

Zeichne auf diesem Teller dein eigenes Food-Art-Meisterwerk und notiere, welche Lebensmittel du verwenden würdest.

329 Wie magst du deine Eier am liebsten? *Zeichne die Antwort.*

330 Iss etwas und achte bewusst darauf, wie es sich auf deinen Körper auswirkt. Notiere, was du bemerkst. Ist das Essen erfrischend? Gibt es dir Energie, macht es satt, fühlt es sich an, als würde es dir Nährstoffe zuführen?

331 Sammle hübsche Einwickelpapiere von Bonbons und Pralinen. *Klebe sie hier au* *oder zeichne sie.*

332 Nichts versetzt dich so schnell an einen Traumstrand oder in eine schöne Stadt wie Farbe und Geschmack eines Cocktails. Erfinde einen neuen Cocktail mit deinen Lieblingszutaten, gib ihm einen originellen Namen und schau mal, wohin er dich entführt.

Name:

Zutaten:

333 Stell dir vor, du würdest das letzte Frühstück essen, das du in deinem Leben essen kannst.

Was würdest du wählen?

334 Stell dir vor, du würdest eine Tee-Party in einem blühenden Garten organisieren.

Zeichne die Einladung und erstelle eine Liste mit Lieblingsgästen.

NICHTSTUN

NUR ZU SEIN UND NICHTS ZU TUN, IST GUT FÜRS GEHIRN.

Nichts zu tun ist ein wesentlicher Teil von Kreativität. Sogar **Albert Einstein** sagte:

„Kreativität ist der Bodensatz verschwendeter Zeit."

In diesen ziellosen, entspannten Momenten stellt unser Gehirn unerwartete Verbindungen her, Dinge klären sich, man sieht die Welt als Ganzes. Denk an die Momente, in denen dir beim Duschen plötzlich die Lösung eines Problems oder eine super Idee einfiel. Was Einstein durch eigene Erfahrung herausfand, ist von Neurowissenschaftlern in den letzten Jahren bestätigt worden.

Ein ruhiger Geist hat eher kreative Erleuchtungen. Aber nicht nur für die Kreativität ist es wichtig, von Zeit zu Zeit nichts zu tun. Forscher fanden heraus, dass sich das Gehirn in diesen ziellosen, tagträumerischen Momenten neu einstellt und Energie tankt. Arbeiter, die zwischendurch pausieren, sind produktiver als diejenigen, die durcharbeiten. Eine entspannte Pause in der Mittagszeit könnte deine Arbeit sogar verbessern.

Also lautet die gute Nachricht: Hör auf, die ganze Zeit effizient sein zu wollen, und fang an, Zeit zu verschwenden! Wir brauchen diese Leerräume, Momente, in denen wir tagträumen, ziellos herumschlendern, Mittagsschlaf halten oder auch meditieren. Greif nicht gleich zum Telefon, wenn du Langeweile verspürst. Warte, und sie wird sich in etwas Interessantes verwandeln. Umarme die Leere; wenn du freundlich zu ihr bist, wird sie die Umarmung zurückgeben.

336 Setz den Kessel fürs Teewasser auf. Füll die Wartezeit nicht mit anderen Dingen. Warte einfach, bis das Wasser kocht, und denke daran, was mit dem Wasser passiert. Überlege, wie diese Erfahrung sich von deiner üblichen Herangehensweise unterscheidet, und zeichne derweil den aus dem Kessel aufsteigenden Dampf.

335 Zeit fürs Nichtstun einzuplanen fällt leichter, wenn man eine genaue Vorstellung davon hat, womit man seine Zeit verbringt (oder verschwendet!). Schätze, wie viel Zeit du prozentual welchem Bereich deines Lebens widmest – Freunden, Familie, Telefonieren, Hobbys, Fahrt zur Arbeit, Erledigungen, Arbeit – und trage die Zeit als Tortenstück in dieses Diagramm ein.

337 Auch wenn wir vielleicht glauben, dass soziale Medien uns entspannen, halten sie unser Gehirn doch ständig aktiv, sodass wir schließlich noch müder werden. Mach einen Plan für Leerräume in deinem Leben – Orte und Zeiten ohne elektronische Geräte, die dich ablenken.

Notiere drei mögliche Leerräume:

2

3

1

338 Tagträumen ist gut für dein Gehirn – es lädt es wieder auf. Füll diese Wolken mit bunten Tagträumen und Wörtern zum Träumen.

339 In den späten 1990er-Jahren entdeckte der amerikanische Neurologe Marcus Raichle, dass Langeweile ein extrem wertvoller Geisteszustand ist, in dem eine Mischung aus Gedanken und Anreizen sanft vor sich hin köchelt. Erinnere dich an das letzte Mal, als du dich gelangweilt hast. Beschreibe oder zeichne die Situation und deine Reaktion.

340 Unterziehe die Termine in deinem Kalender einem kritischen Blick. Vielleicht hat sich die Bedeutung einiger Aktivitäten für dich über die Jahre verändert, weil DU dich verändert hast. Welche Hobbys magst du nicht mehr so wie zu der Zeit, als du sie begonnen hast? Welche neuen Ereignisse gefallen dir jetzt?

341 Meditiere mindestens fünf Minuten lang. Was dir helfen kann: Beobachte den Unterschied zwischen der einströmenden und ausströmenden Luft.

Notiere, wie es dir ergangen ist.

342 Nichts zu tun kann auch bedeuten, dass man eine Situation akzeptiert, wie sie ist, und nicht zu ändern versucht. Denk an drei Dinge in deinem Leben, die du ändern möchtest, aber im Moment nicht ändern kannst.

Kannst du loslassen?

343 Es ist fast unmöglich, seine Gedanken zu zähmen; sie sind überall, wie springende Kaninchen. Aber beim Meditieren geht es nicht ums Zähmen, es geht nicht darum, die Kaninchen zum Stillsitzen zu bewegen, sondern darum, einfach nur zu beobachten, dass sie da sind.

Zeichne ein paar Kaninchen und gib ihnen vielleicht auch ein paar Gedanken.

NICHTSTUN

344 Kurze Schlaf-pausen sind gut! Tagsüber stellst du am besten den Wecker auf 20 Minuten. Das ist der erfrischendste Zeitraum, der auch deinen Nachtschlaf nicht beeinträchtigt.

Zeichne zwischen diesen Palmen eine Hängematte, in der du dein Schläfchen halten kannst.

345 Atme vier Sekunden ein, dann vier Sekunden aus. Während du einatmest, zeichne vier Kreise; beim Ausatmen machst du Smileys daraus.

Wiederhole das ein paar Atemzyklen lang, bis du den Kasten gefüllt hast.

346 Erde dich in dieser Berg-Meditation. Sitz bequem und schließ die Augen. Stell dir dich selbst als Berg vor, deine Gedanken als vorbeiziehende Wolken, Geräusche und Gefühle als Autos, Leute und Tiere, die sich auf dem Berg oder an seinem Fuß bewegen, ohne ihn zu verändern.

Zeichne sie danach auf oder um diesen Berg herum.

NICHTSTUN

347 Erstell dir heute anstatt einer To-do-Liste eine To-don't-Liste. Denk an Sachen, die du normalerweise nicht gerne tust, furchtbar langweilige Dinge oder solche, die nicht so wichtig sind. Schreib sie auf deine To-don't-Liste und mach sie heute einfach nicht.

Verwöhn dich heute!

To Don't

348 Trag dir diese Woche freie Zeit im Kalender ein und behandle sie wie einen wichtigen Termin. Stell dir einen Alarm, um dich an den Beginn der freien Zeit zu erinnern.

Auch nicht

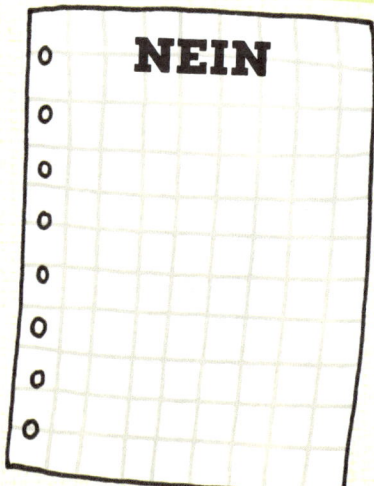

NEIN

349 Stell dir deinen Atem als Wellen vor, die zur Küste und wieder weg rollen. Zeichne die Wellen, die im Moment zu deinem Atem passen. *Sind sie wild oder ruhig?*

350 Sinnieren heißt, ganz in Gedanken versunken zu sein, ohne Ziel still und versonnen nur da zu sein. Sinniere einige Zeit, wenn es Abend wird. Mach kein Licht an, solange der Tag sich noch nicht ganz verabschiedet hat.

Schreib auf, was dir in den Sinn kam.

NICHTSTUN

351 Man schätzt, dass von allen Gedanken, die wir an einem Tag haben (und das sind viele), nur 20 Prozent neu sind. Betrachte deine Gedanken kritisch und überlege, welche du vielleicht dauernd wiederholst.

Schreib sie hier auf.

352 Leg dich ins Gras, schau in den Himmel und versuch, in den vorbeiziehenden Wolken Tiere und Gegenstände zu erkennen. Vielleicht erinnert dich das an deine Kindheit; aber wann hast du dir zuletzt die Zeit genommen, einfach nur in den Himmel zu schauen?

Zeichne Wolken in verschiedenen Formen und ergänze, was du in ihnen siehst.

353 Der unstete, ruhelose, konfuse, unentschlossene, unkontrollierbare Gedankenstrom, der ständig in unserem Kopf kreist, wird im Buddhismus „Affengeist" („Monkey Mind") genannt. Wenn dich bestimmte Gedanken beunruhigen, sprich mit deinem Affengeist – das ist eine gute Art, Ängste und Sorgen zu verringern.

354 Bei manchen Tätigkeiten klärt sich dein Kopf und du fühlst dich ruhig und gelöst. Wann fühlst du dich am entspanntesten?

Schreib die drei Aktivitäten auf, die dich am besten entspannen.

1 ....
....
....

2 ....
....
....

3 ....
....
....

355 Zeichne eine Palme.
Stell dir dich selbst darunter vor.

356 Oft sagen wir gedankenlos Termine zu, um anderen einen Gefallen zu tun. Und dann sind unsere Tage vollgestopft mit Sachen, die wir eigentlich gar nicht machen wollen. Wenn du schlecht Nein sagen kannst, erleichtern es dir diese Vorschläge. *Füg jedem Vorschlag ein Beispiel hinzu, wie du ihn anwenden kannst.*

1. Kauf dir Zeit, indem du sagst: „Ich ruf zurück."

....

....

2. Sag Nein, aber schlag Alternativen vor.

....

....

3. Bleib bei deinem Nein und wiederhole, warum du es sagst.

357

Alles verändert sich, auch wenn du gar nichts tust. Der Gedanke, dass die Welt sich auch ohne dich weiterdreht, kann sehr erfrischend sein. Setz dich ins Grüne und nimm dir eine Minute für das Empfinden, dass alles um dich herum langsam wächst und sich verändert.

358 Wenn du nichts tust und dein Geist ganz ruhig ist, bemerkst du mehr von der Schönheit um dich herum. Zum Beispiel den Zauber der Sonnenstrahlen, die sich ihren Weg durch Baumblätter bahnen, in Wassertropfen winzige Regenbogen entstehen lassen oder durch Vorhangritzen ins Zimmer scheinen.

Zeichne oder beschreibe eine Situation, als du von Sonnenstrahlen verzaubert warst.

359 Auch wenn wir es oft anstreben, können wir nicht die ganze Zeit glücklich sein; auch traurige Tage sind in Ordnung. Jeden Moment glücklich sein zu wollen, setzt uns unter Stress. Nimm die Traurigkeit wahr, die jetzt gerade in dir ist.

Schreib ein paar Sätze über sie.

....
....
....
....
....
....
....
....
....
....
....
....
....
....
....
....
....
....

360 Bei der Anapana-Meditation konzentriert man sich auf den natürlichen Fluss des Atems. Setz dich bequem hin, Rücken und Nacken sind aufgerichtet, halte die Augen sanft geschlossen, atme durch die Nase und richte deine ganze Aufmerksamkeit auf den Bereich am Eingang der Nasenlöcher.

Während der Meditation achte auf jeden Atemzug, der in den Körper hinein- und wieder hinausströmt.

Stecke einen Samen in Blumenerde. Wässere die Erde jeden Tag. Beobachte, was passiert. Notiere das Datum der Aussaat und des Keimens.

Datum der Aussaat:

Beginn des Wachstums:

362 Zeichne ein verträumtes Waldhäuschen, in das du dich für einen Offline-Urlaub zurückziehen könntest. Stell dir vor, was du dort tun würdest, zum Beispiel ein Buch schreiben oder einfach nur entspannen und über dein Leben nachsinnen.

363 Hirnforscher haben festgestellt, dass es Multitasking nicht wirklich gibt. Tatsächlich schalten wir nur mehr oder weniger schnell zwischen den Aufgaben hin und her, was unser Gehirn sehr ermüdet. Wir versuchen, effizienter zu sein, sind es aber in Wirklichkeit nicht. Schreib hier auf, welche Aufgaben du immer gleichzeitig erledigen willst. Versuch, dein Tempo zu verlangsamen, mach eine Sache nach der anderen. Experimentiere damit, dich vollständig auf eine Aufgabe zu konzentrieren, bevor du die nächste angehst.

364 Tu zwei Minuten lang gar nichts.

365

Beschreib und zeichne deine liebsten Entspannungsorte.
Kleb schöne Ausschnitte aus Zeitschriften dazu.

Fülle diese zwei Seiten mit Bildern, die dir helfen, zu entspannen und ruhig zu bleiben.

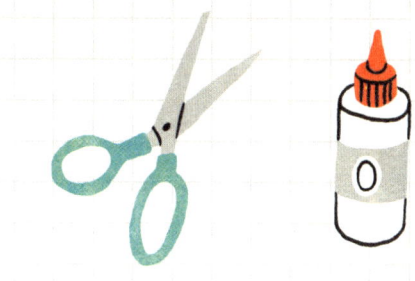

LITERATUR ZUM WEITERLESEN

Die Anleitungen in diesem Buch beruhen zum größten Teil auf wissenschaftlichen Publikationen und Büchern. Mein unendlicher Dank gebührt den Forschern und Autoren der folgenden Arbeiten. Sie haben mir bei meiner Suche nach Wohlbefinden und einem Leben im Hier und Jetzt geholfen und ich empfehle sehr, sie zu lesen.

ZEITSCHRIFTENARTIKEL

"Experiencing Physical Warmth Promotes Interpersonal Warmth" von John A. Bargh und Lawrence E. Williams. *Science* (October 2008).

"Everyday Creative Activity as a Path to Flourishing" von Tamlin S. Conner, Colin G. DeYoung und Paul J. Silvia. *The Journal of Positive Psychology* (November 2016).

"Well-being, Reasonableness, and the Natural Environment" von Rachel Kaplan und Stephen Kaplan. *Applied Psychology: Health and Well-Being* (Volume 3, Issue 3, 2011).

"Noticing Nature: Individual and Social Benefits of a Two-week Intervention" von Holli-Anne Passmore und Mark Holder. *The Journal of Positive Psychology* (July 2016).

"A Default Mode of Brain Function" von Marcus E. Raichle, Ann Mary MacLeod, Abraham Z. Snyder, William J. Powers, Debra A. Gusnard und Gordon L. Shulman. *Proceedings of the National Academy of Sciences* (January 2001).

"Awe Expands People's Perception of Time, Alters Decision Making, and Enhances Well-Being" von Melanie Rudd, Jennifer Aaker und Kathleen D. Vohs. *Psychological Science* (Volume 23, Issue 10, 2012).

"Vitalizing Effects of Being Outdoors and in Nature" von Richard M. Ryan, Netta Weinstein, Jessey Bernstein, Kirk Warren Brown, Louis Mistretta und Marylène Gagné. *Journal of Environmental Psychology* (Volume 30, Issue 2, 2010).

"The Role of Fingerprints in the Coding of Tactile Information Probed with a Biomimetic Sensor" von J. Scheibert, S. Leurent, A. Prevost, und G. Debrégeas. *Science* (March 2009).

"Smelling Away. How the Sense of Smell can Influence our Behavior" von Lorena Vernaz Asadi. Park University (academia.edu)

Es wurde versucht, alle Quellen ordnungsgemäß zu benennen. Sollten sich Rechteinhaber ungenannt wiederfinden, können sie sich gern an den Verlag wenden.